强制性条文速查系列手册

交通工程强制性条文速查手册

闫 军 主编

中国建筑工业出版社

图书在版编目(CIP)数据

交通工程强制性条文速查手册/闫军主编. —北京:中国建筑工业出版社,2013.6
(强制性条文速查系列手册)
ISBN 978-7-112-15458-6

Ⅰ.①交… Ⅱ.①闫… Ⅲ.①交通工程-国家标准-中国-手册 Ⅳ.①U491-65

中国版本图书馆 CIP 数据核字(2013)第 108684 号

强制性条文速查系列手册
交通工程强制性条文速查手册
闫 军 主编
*
中国建筑工业出版社出版、发行(北京西郊百万庄)
各地新华书店、建筑书店经销
北京红光制版公司制版
化学工业出版社印刷厂印刷
*

开本:850×1168 毫米 1/32 印张:6¾ 字数:180 千字
2013 年 7 月第一版 2013 年 7 月第一次印刷
定价:**32.00** 元
ISBN 978-7-112-15458-6
(24027)

版权所有 翻印必究
如有印装质量问题,可寄本社退换
(邮政编码 100037)

本书为"强制性条文速查系列手册"第五分册。共收录交通类规范76本，强制性条文千条左右。全书共分四篇。第一篇城市交通，包括：城市道路、城市桥梁、道路交通规划相关。第二篇公路，包括：公路道路、公路桥梁、公路隧道。第三篇城市轨道交通，第四篇通用及相关。

本书供交通、道路、公路、城市轨道交通、地铁、轻轨人员使用，并可供施工、监理、安全、管理、材料人员等工程建设领域人员学习参考。

* * *

责任编辑：郭 栋 王砾瑶
责任设计：李志立
责任校对：王雪竹 党 蕾

前 言

《工程建设强制性条文》是工程建设过程中的强制性技术规定，是参与建设活动各方执行工程建设强制性标准的依据。执行《工程建设强制性条文》既是贯彻落实《建设工程质量管理条例》的重要内容，又是从技术上确保建设工程质量的关键。强制性条文的正确实施，对促进房屋建筑活动健康发展，保证工程质量、安全，提高投资效益、社会效益和环境效益都具有重要的意义。

强制性条文的内容，摘自工程建设强制性标准，主要涉及人民生命财产安全、人身健康、环境保护和其他公众利益。强制性条文的内容是工程建设过程中各方必须遵守的。按照建设部第81号令《实施工程建设强制性标准监督规定》，施工单位违反强制性条文，除责令整改外，还要处以工程合同价款2%以上4%以下的罚款。勘察、设计单位违反工程建设强制性标准进行勘察、设计的，责令改正，并处以10万元以上30万元以下的罚款。2013年以来，结构类与施工质量验收类规范更新较多。"强制性条文速查系列手册"搜集整理了最新的工程建设强制性条文，共分建筑设计、建筑结构与岩土、建筑施工、给水排水与暖通、交通工程五个分册。五个分册购齐，工程建设强制性条文就齐全了。搜集、整理花费了不少的时间和心血，希望读者喜欢。

五个分册的名称如下：

➢《建筑设计强制性条文速查手册》
➢《建筑结构与岩土强制性条文速查手册》
➢《建筑施工强制性条文速查手册》
➢《给水排水与暖通强制性条文速查手册》
➢《交通工程强制性条文速查手册》

本书由闫军主编，参加编写的有张爱洁、庄玲、朱岩、李华、张良国、冯爱峰、董志君、李振、王远胜、周军辉、朱忠辉、王念伟、曹艳艳、韩欣鹏、李毅、黄慧、安昌锋、赵萍、王伟荣。

目 录

第一篇 城市交通

第一章 城市道路 ………………………………………… 2
一、《预应力混凝土路面工程技术规范》
　　GB 50422—2007 ……………………………………… 2
二、《城市道路交通设施设计规范》GB 50688—2011 ……… 2
三、《城镇道路工程施工与质量验收规范》CJJ 1—2008 …… 3
四、《城镇道路养护技术规范》CJJ 36—2006 ……………… 4
五、《城市道路工程设计规范》CJJ 37—2012 ……………… 5
六、《热拌再生沥青混合料路面施工及验收规程》
　　CJJ 43—91 …………………………………………… 5
七、《城市道路照明设计标准》CJJ 45—2006 ……………… 7
八、《城市道路照明工程施工及验收规程》CJJ 89—2012 … 8
九、《城市快速路设计规程》CJJ 129—2009 ……………… 10
十、《城市道路交叉口设计规程》CJJ 152—2010 ………… 11
十一、《城镇道路路面设计规范》CJJ 169—2012 ………… 12
十二、《城市道路交叉口规划规范》GB 50647—2011 …… 13
十三、《城市道路路线设计规范》CJJ 193—2012 ………… 16
十四、《城市道路绿化规划与设计规范》CJJ 75—97 …… 16
十五、《城市道路和建筑物无障碍设计规范》
　　JGJ 50—2001 ………………………………………… 18

第二章 城市桥梁 ………………………………………… 31
一、《城市桥梁工程施工与质量验收规范》CJJ 2—2008 … 31
二、《城市桥梁设计规范》CJJ 11—2011 …………………… 32

三、《城市人行天桥与人行地道技术规范》CJJ 69—95 …… 36
四、《城镇地道桥顶进施工及验收规程》CJJ 74—99 ……… 39
五、《城市桥梁养护技术规范》CJJ 99—2003 …………… 40
六、《城市桥梁桥面防水工程技术规程》CJJ 139—2010 … 42
七、《城市桥梁抗震设计规范》CJJ 166—2011 …………… 42
八、《市政架桥机安全使用技术规程》JGJ 266—2011 …… 43
第三章 道路交通规划相关 …………………………………… 44
一、《城市用地分类与规划建设用地标准》
　　GB 50137—2011（节选）……………………………… 44
二、《镇规划标准》GB 50188—2007 ……………………… 44
三、《城市用地竖向规划规范》CJJ 83—99 ……………… 45

第二篇 公　　路

第一章 公路道路 ……………………………………………… 48
一、《公路路线设计规范》JTG D20—2006 ……………… 48
二、《公路交通安全设施设计规范》JTG D81—2006 …… 51
三、《公路路面基层施工技术规范》JTJ 034—2000 …… 52
四、《公路水泥混凝土路面滑模施工技术规程》
　　JTJ/T 037.1—2000 …………………………………… 55
五、《公路工程施工安全技术规程》JTJ 076—95 ………… 55
第二章 公路桥梁 ……………………………………………… 59
一、《公路桥涵设计通用规范》JTG D60—2004 ………… 59
二、《公路圬工桥涵设计规范》JTG D61—2005 ………… 66
三、《公路桥涵地基与基础设计规范》JTG D63—2007 … 72
四、《公路钢筋混凝土及预应力混凝土桥涵设计规范》
　　JTG D62—2004 ………………………………………… 74
五、《公路桥涵钢结构及木结构设计规范》
　　JTJ 025—86 …………………………………………… 80

第三章 公路隧道 ·· 84
一、《公路隧道设计规范》JTG D70—2004 ·········· 84
二、《公路隧道通风照明设计规范》JTJ 026.1—1999 ····· 85

第三篇 城市轨道交通

一、《地铁设计规范》GB 50157—2003 ·············· 88
二、《地下铁道工程施工及验收规范》GB 50299—1999，
   2003 年版 ······································ 114
三、《地铁工程施工安全评价标准》GB 50715—2011 ····· 128
四、《地铁杂散电流腐蚀防护技术规程》CJJ 49—92 ····· 129
五、《地铁限界标准》CJJ 96—2003 ················ 132
六、《城市轨道交通技术规范》GB 50490—2009 ······· 132
七、《城市轨道交通信号工程施工质量验收规范》
   GB 50578—2010 ······························· 160
八、《城市轨道交通综合监控系统工程设计规范》
   GB 50636—2010 ······························· 161
九、《城市轨道交通地下工程建设风险管理规范》
   GB 50652—2011 ······························· 161
十、《城市轨道交通建设项目管理规范》
   GB 50722—2011 ······························· 161
十一、《城市轨道交通站台屏蔽门系统技术规范》
   CJJ 183—2012 ································ 162
十二、《城市轨道交通直线电机牵引系统设计规范》
   CJJ 167—2012 ································ 162
十三、《城市轨道交通岩土工程勘察规范》
   GB 50307—2012 ······························· 163
十四、《城市轨道交通工程测量规范》
   GB 50308—2008 ······························· 164
十五、《城市轨道交通自动售检票系统工程质量

验收规范》GB 50381—2010 ·················· 165
十六、《城市轨道交通通信工程质量验收规范》
　　　GB 50382—2006 ·················· 165
十七、《无轨电车供电线网工程施工及验收规范》
　　　CJJ 72—97 ······················ 167
十八、《快速公共汽车交通系统设计规范》
　　　CJJ 136—2010 ··················· 173
十九、《跨座式单轨交通设计规范》
　　　GB 50458—2008 ·················· 173
二十、《跨座式单轨交通施工及验收规范》
　　　GB 50614—2010 ·················· 184
二十一、《架空索道工程技术规范》GB 50127—2007 ······ 185
二十二、《盾构法隧道施工与验收规范》
　　　　GB 50446—2008 ················· 185
二十三、《城市轨道交通工程工程量计算规范》
　　　　GB 50861—2013 ················· 187

第四篇　通用及相关

一、《交通建筑电气设计规范》JGJ 243—2011 ········ 189
二、《地下防水工程质量验收规范》GB 50208—2011 ····· 189
三、《地下建筑工程逆作法技术规程》JGJ 165—2010 ····· 189
四、《建筑变形测量规范》JGJ 8—2007 ············ 190
五、《工程测量规范》GB 50026—2007 ············ 191
六、《高耸结构设计规范》GB 50135—2006 ·········· 192
七、《地下工程防水技术规范》GB 50108—2008 ········ 196
八、《锚杆喷射混凝土支护技术规范》
　　GB 50086—2001 ···················· 198
九、《建筑边坡工程技术规范》GB 50330—2002 ········ 198
十、《建筑基坑支护技术规程》JGJ 120—2012 ········ 200

十一、《建筑基坑工程监测技术规范》
　　　GB 50497—2009 ·················· 201
十二、《复合土钉墙基坑支护技术规范》
　　　GB 50739—2011 ·················· 202
十三、《建设工程工程量清单计价规范》
　　　GB 50500—2013 ·················· 202
十四、《市政工程工程量计算规范》
　　　GB 50857—2013 ·················· 203
十五、《市政工程勘察规范》CJJ 56—2012 ············ 204

参考文献 ······································ 205

第一篇 城市交通

第一章 城市道路

一、《预应力混凝土路面工程技术规范》GB 50422—2007

3.1.5 预应力混凝土路面混凝土强度应按 28d 龄期的混凝土弯拉强度控制，且不得低于表 3.1.5 的规定。

表 3.1.5 混凝土弯拉强度标准值

交通等级	特重	重	中等	轻
弯拉强度标准值 f_t（MPa）	5.0	5.0	4.5	4.0

4.1.3 预应力混凝土路面面板最小厚度应能满足板内预应力钢筋及锚具系统最小混凝土保护层厚度的要求。

4.2.4 平均预压应力指扣除全部预应力损失后，在混凝土总截面面积上建立的平均预压应力。预应力混凝土路面的平均预压应力在扣除路基摩阻力后不应小于 0.7MPa，平均预压应力不应大于 4.0MPa。

5.1.1 水泥应采用硅酸盐水泥、普通硅酸盐水泥。水泥的质量应符合现行国家标准《通用硅酸盐水泥》GB 175 和《道路硅酸盐水泥》GB 13693 的有关规定。

5.2.2（预应力混凝土路面用预应力钢筋应符合下列要求：）

　　3 预应力钢筋外包材料，应采用高密度聚乙烯，严禁使用聚氯乙烯；涂料层应采用专用防腐油脂。预应力钢筋性能还应符合国家现行标准《无粘结预应力混凝土结构技术规程》JGJ 92 的有关规定。

二、《城市道路交通设施设计规范》GB 50688—2011

5.1.5 交通标志不得侵入道路建筑限界。

7.1.2 防护设施不得侵入道路建筑限界，且不应侵入停车视距范围内。

7.1.3 不能提供足够路侧安全净距的快速路路侧，必须设置防撞护栏；当路基整体式断面中间带宽度小于或等于12m时，快速路的中央分隔带必须连续设置防撞护栏。

8.2.8 交通信号灯及其安装支架均不得侵入道路建筑限界。

10.3.2 （平面过街设施的设置应符合下列规定：）

3 道路交叉口采用对角过街时，必须设置人行全绿灯相位；

11.1.1 城市道路应设置人工照明设施。

三、《城镇道路工程施工与质量验收规范》CJJ 1—2008

3.0.7 施工中必须建立安全技术交底制度，并对作业人员进行相关的安全技术教育与培训。作业前主管施工技术人员必须向作业人员进行详尽的安全技术交底，并形成文件。

3.0.9 施工中，前一分项工程未经验收合格严禁进行后一分项工程施工。

6.3.3 人机配合土方作业，必须设专人指挥。机械作业时，配合作业人员严禁处在机械作业和走行范围内。配合人员在机械走行范围内作业时，机械必须停止作业。

6.3.10 挖方施工应符合下列规定：

1 挖土时应自上向下分层开挖，严禁掏洞开挖。作业中断或作业后，开挖面应做成稳定边坡。

2 机械开挖作业时，必须避开构筑物、管线，在距管道边1m范围内应采用人工开挖；在距直埋缆线2m范围内必须采用人工开挖。

3 严禁挖掘机等机械在电力架空线路下作业。需在其一侧作业时，垂直及水平安全距离应符合表6.3.10的规定。

表 6.3.10　挖掘机、起重机（含吊物、载物）
等机械与电力架空线路的最小安全距离

电压（kV）		<1	10	35	110	220	330	500
安全距离（m）	沿垂直方向	1.5	3.0	4.0	5.0	6.0	7.0	8.5
	沿水平方向	1.5	2.0	3.5	4.0	6.0	7.0	8.5

8.1.2　沥青混合料面层不得在雨、雪天气及环境最高温度低于5℃时施工。

8.2.20　用成品仓贮存沥青混合料，贮存期混合料降温不得大于10℃。贮存时间普通沥青混合料不得超过72h。

10.7.6　在面层混凝土弯拉强度达到设计强度，且填缝完成前，不得开放交通。

11.1.9　铺砌面层完成后，必须封闭交通，并应湿润养护，当水泥砂浆达到设计强度后，方可开放交通。

17.3.8　当面层混凝土弯拉强度未达到1MPa或抗压强度未达到5MPa时，必须采取防止混凝土受冻的措施，严禁混凝土受冻。

四、《城镇道路养护技术规范》CJJ 36—2006

3.0.8　城镇道路的掘路开挖断面严禁上窄下宽。道路结构修复时应满足其使用功能和结构安全。

4.2.7　在经常性巡查中，当发现道路沉陷、空洞或大于100mm的错台以及井盖、雨水口箅子丢失等影响道路安全运营情况时，第一发现人应按应急预案处置，立即上报、设置围挡，并应在现场监视。

4.4.1　当出现下列情况之一时，应进行特殊检测：

　　1　道路大修、进行改扩建时；

　　2　道路发生不明原因的沉陷、开裂、冒水；

　　3　在道路下进行管涵顶进、降水作业、隧道开挖等工程施工期间；

　　4　道路超过设计使用年限时。

10.1.1 掘路前应查明地下管线状况，挖槽时不得损坏原有的地下管线。

10.2.1 掘路沟槽回填，严禁使用淤泥、腐殖土、垃圾杂物和冻土。

11.4.1 每年洪水和冰雪季节前后，应对涵洞进行检查，检查内容应包括：

 1 洞内的淤积程度；

 2 涵洞主体结构的开裂、漏水、变形、位移、下沉及冻胀程度；

 3 涵顶及涵背填土沉陷程度。

14.1.1 养护作业人员上岗前必须进行安全教育和技术培训。进入养护作业现场内的人员，必须穿戴具有反光功能的安全标志服和防护帽。

五、《城市道路工程设计规范》CJJ 37—2012

3.4.2 道路建筑限界内不得有任何物体侵入。

3.4.3 道路最小净高应符合表 3.4.3 的规定。

表 3.4.3 道路最小净高

道路种类	行驶车辆类型	最小净高（m）
机动车道	各种机动车	4.5
	小客车	3.5
非机动车道	自行车、三轮车	2.5
人行道	行人	2.5

13.3.4 对长度大于 1000m、行驶机动车的隧道，严禁在同一孔内设置非机动车道或人行道；对长度小于等于 1000m 的隧道当需要设置非机动车道或人行道时，必须设安全隔离设施。

六、《热拌再生沥青混合料路面施工及验收规程》CJJ 43—91

3.2.2 再生剂性能应符合以下规定：

一、较强的渗透和软化能力；
二、与旧沥青材料互溶；
三、改善旧沥青路用性质；
四、不含石蜡和地蜡；
五、适当的黏度，老化缓慢；
六、有较好的粘附力。再生剂必须符合表 3.2.2 所列物理性质的规定。

表 3.2.2 再生剂物理性质指标

项 目	再生剂型号	
	A 型	A_W 型
质量密度	0.83～0.86	0.83～0.87
赛氏黏度，25℃，s	10～35	10～35
凝点，℃＜	−5	−5
闪点，℃＞	100	100
水分	痕迹	痕迹
掺入沥青后与碱性石料粘附力	大于 3 级	大于 3 级
掺入沥青后与酸性及中性石料粘附力	—	大于 3 级

注：1　A_W 型再生剂用于沥青旧料中的集料与沥青粘附力较差的旧料。
　　2　粘附力是指再生剂掺入旧沥青后做剥落试验的结果。

3.2.3　再生剂应贮藏在有盖的容器中，防止水和灰尘等混入。其运输、贮存、使用的安全防火要求同重质油类的要求。

3.4.3　碎石与沥青的粘附力，用水煮法测定时，不得小于三级，否则必须掺入活化剂提高粘附力。

3.4.5　矿粉采用石灰岩类磨细的粉末，必须干燥、无杂质，含水量不应大于 1%。

7.0.3　碾压应符合下列规定：
一、当再生沥青混合料摊铺一定长度后，必须及时进行碾压，开始碾压温度不应大于 110℃，终结碾压温度不应低于 70℃；

8.0.3 路面竣工后应检查验收。验收内容和质量标准应符合表 8.0.3 的规定。

表8.0.3 再生沥青路面施工质量标准

检查项目	允许偏差		检查单元	检查方法及频度要求		
厚度	±5mm		1000m³	挖坑或测标高,路中及路两侧各一处		
宽度	≥设计宽度		1000m²	用尺量,三处		
压实度	≥95%		1000m²	现场取样,在室内用蜡封法测定,二处		
平整度	平整度仪(标准偏差,mm)≤2.5	3m直尺(mm)≤5	100m	平整度仪 1.≤9m测一条轨迹 2.>9m测二条轨迹	3m直尺随机靠量	
					路宽(m)	<9 5次 9~15 10次 >15 15次
中线高程	±10mm		100m	用水准仪测五处		
横坡度	±0.5%		100m	用水准仪测五处	路宽(m)	<9 每处二点 9~15 每处四点 ≥9 每处六点
外观要求	1. 表面平整密实,粗细料无集中现象、不得有轮迹、松散、裂缝 2. 接缝紧密、平顺 3. 无凹陷积水现象					

注:沥青混凝土标准密度采用马歇尔法测定;沥青碎石的标准密度可通过试铺决定。

七、《城市道路照明设计标准》CJJ 45—2006

6.1.2 对城市中的重要道路、交通枢纽及人流集中的广场等区段的照明应采用双电源供电。每个电源均应能承受100%的负荷。

7.1.2 机动车交通道路的照明功率密度值不应大于表7.1.2的规定。

表 7.1.2 机动车交通道路的照明功率密度值

道路级别	车道数（条）	照明功率密度值(LPD)（W/m²）	对应的照度值（lx）
快速路 主干路	≥6	1.05	30
	<6	1.25	
	≥6	0.70	20
	<6	0.85	
次干路	≥4	0.70	15
	<4	0.85	
	≥4	0.45	10
	<4	0.55	
支路	≥2	0.55	10
	<2	0.80	
	≥2	0.45	8
	<2	0.50	

注：1 本表仅适用于高压钠灯，当采用金属卤化物灯时，应将表中对应的 LPD 值乘以 1.3。
2 本表仅适用于设置连续照明的常规路段。
3 设计计算照度高于标准值时，LPD 值不得相应增加。

八、《城市道路照明工程施工及验收规程》CJJ 89—2012

4.3.2 配电柜（箱、屏）内两导体间、导电体与裸露的不带电的导体间允许最小电气间隙及爬电距离应符合表 4.3.2 的规定。

裸露载流部分与未经绝缘的金属体之间，电气间隙不得小于 12mm，爬电距离不得小于 20mm。

表 4.3.2 允许最小电气间隙及爬电距离（mm）

额定电压（V）	电气间隙		爬电距离	
	额定工作电流		额定工作电流	
	≤63A	>63A	≤63A	>63A
U≤60	3.0	5.0	3.0	5.0
60<U≤300	5.0	6.0	6.0	8.0
300<U≤500	8.0	10.0	10.0	12.0

5.2.4 当拉线穿越带电线路时,距带电部位距离不得小于 200mm,且必须加装绝缘子或采取其他安全措施。当拉线绝缘子自然悬垂时,距地面不得小于 2.5m。

5.3.3 不同金属、不同规格、不同绞向的导线严禁在档距内连接。

6.1.2 电缆直埋或在保护管中不得有接头。

6.2.3 直埋敷设的电缆穿越铁路、道路、道口等机动车通行的地段时应敷设在能满足承压强度的保护管中,应留有备用管道。

6.2.11 交流单芯电缆不得单独穿入钢管内。

7.1.1 城市道路照明电气设备的下列金属部分均应接零或接地保护:

 1 变压器、配电柜(箱、屏)等的金属底座、外壳和金属门;

 2 室内外配电装置的金属构架及靠近带电部位的金属遮栏;

 3 电力电缆的金属铠装、接线盒和保护管;

 4 钢灯杆、金属灯座、I 类照明灯具的金属外壳;

 5 其他因绝缘破坏可能使其带电的外露导体。

7.1.2 严禁采用裸铝导体作接地极或接地线。接地线严禁兼做他用。

7.2.2 当采用接零保护时,单相开关应装在相线上,零线上严禁装设开关或熔断器。

7.3.2 人工接地装置应符合下列规定:

 1 垂直接地体所用的钢管,其内径不应小于 40mm、壁厚 3.5mm;角钢应采用 L50mm×50mm×5mm 以上,圆钢直径不应小于 20mm,每根长度不小于 2.5m,极间距离不宜小于其长度的 20 倍,接地体顶端距地面不应小于 0.6m。

 2 水平接地体所用的扁钢截面不小于 4mm×30mm,圆钢直径不小于 10mm,埋深不小于 0.6m,极间距离不宜小于 5m。

7.3.3 保护接地线必须有足够的机械强度,应满足不平衡电流及谐波电流的要求,并应符合下列规定:

1 保护接地线和相线的材质应相同,当相线截面在 $35mm^2$ 及以下时,保护接地线的最小截面不应小于相线的截面,当相线截面在 $35mm^2$ 以上时,保护接地线的最小截面不得小于相线截面的 50%;

2 采用扁钢时不应小于 $4mm \times 30mm$,圆钢直径不应小于 $10mm$;

3 箱式变电站、地下式变电站、控制柜(箱、屏)可开启的门应与接地的金属框架可靠连接,采用的裸铜软线截面不应小于 $4mm^2$。

8.4.7 引下线严禁从高压线间穿过。

九、《城市快速路设计规程》CJJ 129—2009

3.0.5 快速路的交通管理设施及服务设施应与道路配套设计,保证交通正常运行。

3.0.9 快速路必须设置人行天桥或地下通道。

5.4.1 快速路的上下行快速机动车道之间必须设中间带分隔,中间带应由中央分隔带及两侧路缘带组成。

9.3.1 符合下列情况之一者,必须设置路侧防撞护栏:

1 路堤高度符合表 9.3.1 所列数值的。

2 上跨的立交主线或匝道路段两侧。

3 距城市道路边线或路基坡脚 1m 范围内有江、河、湖、海、沼泽等水域,车辆掉入会有极大危险的路段两侧。

4 立交进、出口匝道的三角地带及匝道小半径弯道的外侧。

表 9.3.1 必须设置路侧防撞护栏的路堤高度

边坡坡度	1:1	1:1.5	1:2	1:2.5	1:3	1:3.5	≤1:4
路堤高度 h (m)	≥2.5	≥3	≥4	≥5	≥6	≥7	≥8

9.3.4 当快速路主线整体式断面的中间带宽度小于 12m 时,必须在中间带两侧设置防撞护栏或防撞墩。

十、《城市道路交叉口设计规程》CJJ 152—2010

3.4.1 交叉口范围内的最小净高应符合表 3.4.1 的规定,顶角抹角宽度应与机动车道侧向净宽一致。

表 3.4.1 最小净高

车行道种类	机动车			非机动车	
行驶车辆种类	各种汽车	无轨电车	有轨电车	自行车、行人	其他非机动车
最小净高(m)	4.5	5.0	5.5	2.5	3.5

注:穿越铁路、公路的最小净高还应满足相关规范的规定。

4.3.3 平面交叉口视距三角形范围内(图 4.3.3),不得有任何高出路面 1.2m 的妨碍驾驶员视线的障碍物。交叉口视距三角形要求的停车视距应符合表 4.3.3 的规定。

表 4.3.3 交叉口视距三角形要求的停车视距

交叉口直行车设计速度(km/h)	60	50	45	40	35	30	25	20	15	10
安全停车视距 S_s(m)	75	60	50	40	35	30	25	20	15	10

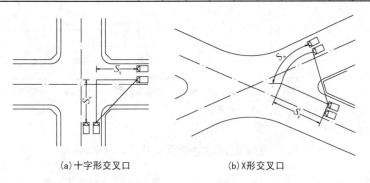

(a) 十字形交叉口　　　(b) X形交叉口

图 4.3.3 视距三角形

5.5.1 在互通式立交匝道出入口处,应设置车辆变速车道。

6.2.9 无人看守或未设置自动信号的铁路道口视距三角形范围内(图 6.2.9)严禁有任何妨碍机动车驾驶员视线的障碍物,机动车驾驶员要求的最小瞭望视距(S_c)应符合表

6.2.9 的规定。

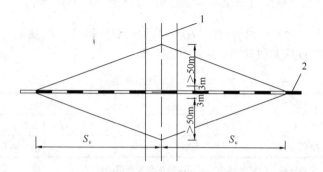

图 6.2.9 道口视距三角形
1—道路中心线；2—铁路

表 6.2.9 道口最小瞭望视距

铁路类别	铁路设计最高行车速度（km/h）	机动车驾驶员最小瞭望视距 S_c (m)
国有铁路	140	470
	120	400
	100	340
	80	270
工业企业铁路	70	240
	55	190
	40	140

注：表中机动车驾驶员最小瞭望视距系按道路停车视距 50m 计算的，道路停车视距大于 50m 时，应另行计算。

十一、《城镇道路路面设计规范》CJJ 169—2012

6.2.5 水泥混凝土的强度应以 28d 龄期的弯拉强度控制。水泥混凝土弯拉强度标准值不得低于表 6.2.5 的规定。

表 6.2.5 水泥混凝土弯拉强度标准值

交通等级	特重、重	中	轻
水泥混凝土的弯拉强度标准值（MPa）	5.0	4.5	4.5
钢纤维混凝土的弯拉强度标准值（MPa）	6.0	5.5	5.0

十二、《城市道路交叉口规划规范》GB 50647—2011

3.4.2 新建、改建交通工程规划中的平面交叉口规划，必须对交叉口规划范围内规划道路及相交道路的进口道、出口道各组成部分作整体规划。

3.5.1 （平面交叉口红线规划应符合下列规定：）

   5 改建、治理规划，检验实际安全视距三角形限界不符要求时，必须按实有限界所能提供的停车视距允许车速，在交叉口上游应布设限速标志。

3.5.2 （平面交叉口转角部位平面规划应符合下列规定：）

   3 平面交叉口红线规划必须满足安全停车视距三角形限界的要求，安全停车视距不得小于表3.5.2-1的规定。视距三角形限界内，不得规划布设任何高出道路平面标高1.0m且影响驾驶员视线的物体。

表3.5.2-1 交叉口视距三角形要求的安全停车视距

路线设计车速（km/h）	60	50	45	40	35	30	25	20
安全停车视距 S_s（m）	75	60	50	40	35	30	25	20

3.5.5 城市道路交叉口范围内的规划最小净高应与道路规划最小净高一致，并应根据规划道路通行车辆的类型，按下列规定确定：

   1 通行一般机动车的道路，规划最小净高应为4.5m～5.0m，主干路应为5m；通行无轨电车的道路，应为5.0m；通行有轨电车的道路，应为5.5m。

   2 通行超高车辆的道路，规划最小净高应根据通行的超高车辆类型确定。

   3 通行行人和自行车的道路，规划最小净高应为2.5m。

   4 当地形受到限制时，支路降低规划最小净高须经技术、经济论证，但不得小于2.5m；当通行公交车辆时，不得小于3.5m。支路规划最小净高降低后，应保证大于规划净高的车辆有绕行的道路，支路规划最小净高处应采取保护措施。

4.1.1 （控制性详细规划中的交叉口规划应对总体规划阶段确定的平面交叉口间距、形状进行优化调整，并应符合下列规定:)

1 新建道路交通网规划中，规划干路交叉口不应规划超过4条进口道的多路交叉口、错位交叉口、畸形交叉口；相交道路的交角不应小于70°；地形条件特殊困难时，不应小于45°；

4.1.3 平面交叉口进口道红线展宽、车道宽度及展宽段长深，应符合下列规定：

4 进、出口道部位机动车道总宽度大于16m时，规划人行过街横道应设置行人过街安全岛，进口道规划红线展宽宽度必须在本条第1款规定的基础上再增加2m。

5.4.2 变速车道长度的取值应符合表5.4.2-1的规定，直接式变速车道渐变段渐变率应符合表5.4.2-2的规定；平行式变速车道渐变段的长度应符合表5.4.2-3的规定。

表5.4.2-1 变速车道长度（m）

主线设计车速（km/h）	匝道设计车速（km/h）												
	30	35	40	45	50	60	70	30	35	40	45	50	60	70
	减速车道长度							加速车道长度						
100	—	—	—	—	130	110	80	—	—	—	300	270	240	200
80	—	90	85	80	70	—	—	—	—	220	210	200	180	—
70	80	75	70	65	60	—	—	210	200	190	180	170	—	—
60	70	65	60	50	—	—	—	200	190	180	150	—	—	—

表5.4.2-2 直接式变速车道渐变段渐变率

主线设计车速（km/h）			100	80	70	60
渐变率	出口	单车道	1/25	1/20	1/17	1/15
		双车道				
	入口	单车道	1/40	1/30	1/25	1/20
		双车道				

表 5.4.2-3 平行式变速车道渐变段长度

主线设计车速（km/h）	100	80	70	60
渐变段长度（m）	80	60	55	50

5.5.1 在进出口端部间距较近，且不满足本规范表 5.3.4-2 要求时，必须布设集散车道，且进出口交通和主线交通间应布设实体隔离。

5.5.2 集散车道应布设在主线右侧，与主线车行道间应设置分隔带。分隔带宽度应满足设置必要交通设施的要求，且不应小于 1.5m；当用地有特殊困难时，分隔带宽度不得小于 0.5m。分隔带内必须设置安全分隔设施。集散车道应通过变速车道同主线车道相接。

5.6.1 当进、出口匝道的上、下游主线不能保证车道平衡时，应在主线车道右侧规划布设辅助车道。

6.1.1 城市道路系统布设道路与铁路交叉道口的位置，应符合下列规定：

1 道路与铁路平面交叉道口，不应设在铁路曲线段、视距条件不符合安全行车要求的路段、车站、桥梁、隧道两端及进站信号处外侧 100m 范围内；

6.2.2 平面交叉道口平面规划应符合下列规定：

1 道路与铁路平面交叉道口的道路线形应为直线。直线段从最外侧钢轨外缘算起不应小于 50m。困难条件下，道路设计车速不大于 50km/h 时，不应小于 30m。平面交叉道口两侧有道路平面交叉口时，其缘石转弯曲线切点距最外侧钢轨外缘不应小于 50m；

2 无栏木设施的平面交叉道口，道路上停止线位置距最外侧钢轨外缘应大于 5m。

6.3.1 道路与铁路立体交叉应符合下列规定：

1 城市快速路、主干路、行驶无轨电车和轨道交通的道路与铁路交叉，必须规划布设立体交叉；

2 其他道路与设计车速大于等于120km/h的铁路交叉，应规划布设立体交叉；

7.1.2 行人过街设施的布置应符合下列规定：

3 交叉口范围内的人行道宽度不应小于路段上人行道的宽度。

7.1.3 立体过街设施设置应符合下列规定：

1 当行人需要穿越快速路或铁路时，应规划设置立体过街设施；

7.1.5 行人过街安全岛的设置应符合下列规定：

1 人行过街横道长度超过16m时（不包括非机动车道），应在人行横道中央规划设置行人过街安全岛，行人过街安全岛的宽度不应小于2.0m，困难情况不应小于1.5m；

十三、《城市道路路线设计规范》CJJ 193—2012

6.6.1 各级道路的停车视距不应小于表6.6.1的规定值。

表6.6.1 停车视距

设计速度（km/h）	100	80	60	50	40	30	20
停车视距（m）	160	110	70	60	40	30	20

10.2.1 道路与轨道交通线路交叉，符合下列条件之一者必须设置立体交叉：

1 快速路与轨道交通线路交叉；

2 主干路、次干路、支路与高速铁路、客运专线、铁路车站、铁路编组场的交叉；

3 行驶有轨电车或无轨电车的道路与铁路交叉；

4 主干路、次干路、支路与除有轨电车道外的城市轨道交通交叉。

十四、《城市道路绿化规划与设计规范》CJJ 75—97

2.2.2 寒冷积雪地区的城市，分车绿带、行道树绿带种植的乔木，应选择落叶树种。

3.1.2 城市道路绿地率应符合下列规定：

3.1.2.1 园林景观路绿地率不得小于40%；

3.1.2.2 红线宽度大于50m的道路绿地率不得小于30%；

3.1.2.3 红线宽度在40～50m的道路绿地率不得小于25%；

3.1.2.4 红线宽度小于40m的道路绿地率不得小于20%。

3.2.1.1 道路绿地在布局中，种植乔木的分车绿带宽度不得小于1.5m；主干路上的分车绿带宽度不宜小于2.5m；行道树绿带宽度不得小于1.5m。

5.1.2 中心岛绿地应保持各路口之间的行车视线通透。

5.2.2 公共活动广场周边宜种植高大乔木。集中成片绿地不应小于广场总面积的25%。

5.2.3 车站、码头、机场的集散广场绿化应选择具有地方特色的树种。集中成片绿地不应小于广场总面积的10%。

5.3.2 停车场种植的庇荫乔木树枝下高度应符合停车位净高度的规定：小型汽车为2.5；中型汽车为3.5m；载货汽车为4.5m。

6.1.1 在分车绿带和行道树绿带上方必须设置架空线时，应保证架空线下有不小于9m的树木生长空间。架空线下配置的乔木应选择开放形树冠或耐修剪的树种。

6.1.2 树木与架空电力线路导线的最小垂直距离应符合表6.1.2的规定。

表6.1.2 树木与架空电力线路导线的最小垂直距离

电压（kV）	1～10	35～110	154～220	330
最小垂直距离（m）	1.5	3.0	3.5	4.5

6.2.1 行道树绿带下方不得敷设管线。

6.3.1 树木与其他设施的最小水平距离应符合表6.3.1的规定。

表 6.3.1　树木与其他设施最小水平距离

设施名称	至乔木中心距离（m）	至灌木中心距离（m）
低于 2m 的围墙	1.0	—
挡土墙	1.0	—
路灯杆柱	2.0	—
电力、电信杆柱	1.5	—
消防龙头	1.5	2.0
测量水准点	2.0	2.0

十五、《城市道路和建筑物无障碍设计规范》JGJ 50—2001

3.2.1 人行道路的无障碍设施与设计要求应符合表 3.2.1 的规定。

表 3.2.1　人行道路无障碍设施与设计要求

序号	设施类别	设 计 要 求
1	缘石坡道	人行道在交叉路口、街坊路口、单位出口、广场入口、人行横道及桥梁、隧道、立体交叉等路口应设缘石坡道
2	坡道与梯道	城市主要道路、建筑物和居住区的人行天桥和人行地道，应设轮椅坡道和安全梯道；在坡道和梯道两侧应设扶手。城市中心地区可设垂直升降梯取代轮椅坡道
3	盲道	1. 城市中心区道路、广场、步行街、商业街、桥梁、隧道、立体交叉及主要建筑物地段的人行道应设盲道。 2. 人行天桥、人行地道、人行横道及主要公交车站应设提示盲道
4	人行横道	1. 人行横道的安全岛应能使轮椅通行。 2. 城市主要道路的人行横道宜设过街音响信号
5	标志	1. 在城市广场、步行街、商业街、人行天桥、人行地道等无障碍设施的位置，应设国际通用无障碍标志牌。 2. 城市主要地段的道路和建筑物宜设盲文位置图

4.1.2 单面坡缘石坡道设计应符合下列规定：

1 单面坡缘石坡道可采用方形、长方形或扇形；

2 方形、长方形单面坡缘石坡道应与人行道的宽度相对应（图4.1.2-1，图4.1.2-2，图4.1.2-3）；

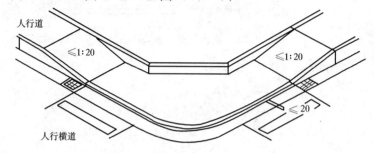

图4.1.2-1 交叉路口单面坡缘石坡道

3 扇形单面坡缘石坡道下口宽度不应小于1.50m（图4.1.2-4）；

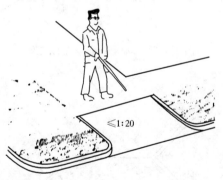

图4.1.2-2 街坊路口单面坡缘石坡道

4 设在道路转角处单面坡缘石坡道上口宽度不宜小于2.00m（图4.1.2-5）；

5 单面坡缘石坡道的坡度不应大于1∶20。

4.2.1 盲道设计应符合下列规定：

1 人行道设置的盲道位置和走向，应方便视残者安全行走

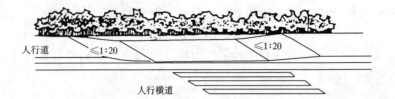

图 4.1.2-3 人行横道单面坡缘石坡道

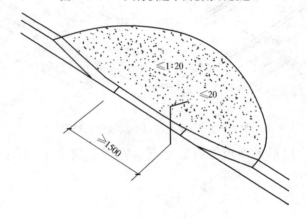

图 4.1.2-4 扇形单面坡缘石坡道

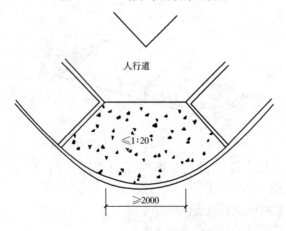

图 4.1.2-5 转角处单面直线缘石坡道

和顺利到达无障碍设施位置;

2 指引残疾者向前行走的盲道应为条形的行进盲道(图 4.2.1-1);在行进盲道的起点、终点及拐弯处应设圆点形的提示盲道(图 4.2.1-2);

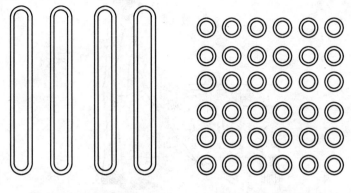

图 4.2.1-1 行进盲道　　　图 4.2.1-2 提示盲道

3 盲道表面触感部分以下的厚度应与人行道砖一致(图 4.2.1-3);

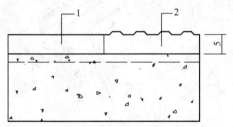

图 4.2.1-3 人行道砖与盲道砖的连接
1—人行道砖;2—盲道砖的触感部分凸出表面

4 盲道应连续,中途不得有电线杆、拉线、树木等障碍物;
5 盲道宜避开井盖铺设;
6 盲道的颜色宜为中黄色。

4.3.1 城市主要道路和居住区的公交车站,应设提示盲道和盲文站牌。

4.4.10 人行天桥下面的三角空间区，在2m高度以下应安装防护栅栏，并应在结构边缘外设宽0.30～0.60m提示盲道（图4.4.10-1、图4.4.10-2）。

图4.4.10-1 人行天桥防护栅栏

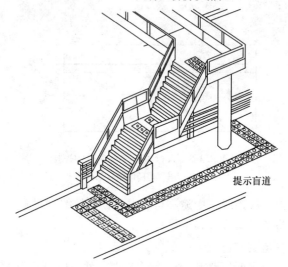

图4.4.10-2 人行天桥防护提示盲道

5.1.1 办公、科研建筑进行无障碍设计的范围应符合表 5.1.1 的规定。

表 5.1.1　无障碍设计的范围

建筑类别		设计部位
办公、科研建筑	● 各级政府办公建筑 ● 各级司法部门建筑 ● 企、事业办公建筑 ● 各类科研建筑 ● 其他招商、办公、社区服务建筑	1. 建筑基地（人行通路、停车车位） 2. 建筑入口、入口平台及门 3. 水平与垂直交通 4. 接待用房（一般接待室、贵宾接待室） 5. 公共用房（会议室、报告厅、审判厅等） 6. 公共厕所 7. 服务台、公共电话、饮水器等相应设施

注：县级及县级以上的政府机关与司法部门，必须设无障碍专用厕所。

5.1.2 商业、服务建筑进行无障碍设计的范围应符合表 5.1.2 的规定。

表 5.1.2　无障碍设计的范围

建筑类别	设计部位
商业建筑	● 百货商店、综合商场建筑 ● 自选超市、菜市场类建筑 ● 餐馆、饮食店、食品店建筑
服务建筑	● 金融、邮电建筑 ● 招待所、培训中心建筑 ● 宾馆、饭店·旅馆 ● 洗浴、美容美发建筑 ● 殡仪馆建筑等

设计部位（续）:
1. 建筑入口及门
2. 水平与垂直交通
3. 普通营业区、自选营业区
4. 饮食厅、游乐用房
5. 顾客休息与服务用房
6. 公共厕所、公共浴室
7. 宾馆、饭店、招待所的公共部分与客房部分
8. 总服务台、业务台、取款机、查询台、结算通道、公用电话、饮水器、停车车位等相应设施

注：1　商业与服务建筑的入口宜设无障碍入口。
　　2　设有公共厕所的大型商业与服务建筑，必须设无障碍专用厕所。
　　3　有楼层的大型商业与服务建筑应设无障碍电梯。

5.1.3 文化、纪念建筑进行无障碍设计的范围应符合表 5.1.3 的规定。

表 5.1.3 无障碍设计的范围

建筑类别		设计部位
文化建筑	● 文化馆建筑 ● 图书馆建筑 ● 科技馆建筑 ● 博物馆、展览馆建筑 ● 档案馆建筑等	1. 建筑基地（庭院、人行通路、停车车位） 2. 建筑入口、入口平台及门 3. 水平与垂直交通 4. 接待室、休息室、信息及查询服务 5. 出纳、目录厅、阅览室、阅读室 6. 展览厅、报告厅、陈列室、视听室等 7. 公共厕所 8. 售票处、总服务台、公共电话、饮水器等相应设施
纪念性建筑	● 纪念馆 ● 纪念塔 ● 纪念碑 ● 纪念物等	

注：1 设有公共厕所的大型文化与纪念建筑，必须设无障碍专用厕所。
　　2 有楼层的大型文化与纪念建筑应设无障碍电梯。

5.1.4 观演、体育建筑进行无障碍设计的范围应符合表 5.1.4 的规定。

表 5.1.4 无障碍设计的范围

建筑类别	设计部位
● 剧场、剧院建筑 ● 电影院建筑 ● 音乐厅建筑 ● 礼堂、会议中心建筑	1. 建筑基地（人行通路、停车车位） 2. 建筑入口、入口平台及门 3. 水平与垂直交通 4. 前厅、休息厅、观众席 5. 主席台、贵宾休息室 6. 舞台、后台、排练房、化妆室 7. 训练场地、比赛场地 8. 观众厕所 9. 演员、运动员厕所与浴室 10. 售票处、公共电话、饮水器等相应设施
● 体育场、体育馆建筑 ● 游泳馆建筑 ● 溜冰馆、溜冰场建筑 ● 健身房（风雨操场）	

注：1 观演与体育建筑的观众席、听众席和主席台，必须设轮椅席位。
　　2 大型观演与体育建筑的观众厕所和贵宾室，必须设无障碍专用厕所。

5.1.5 交通、医疗建筑进行无障碍设计的范围应符合表 5.1.5 的规定。

表5.1.5 无障碍设计的范围

建筑类别		设计部位
交通建筑	● 空港航站楼建筑 ● 铁路旅客客运站建筑 ● 汽车客运站建筑 ● 地铁客运站建筑 ● 港口客运站建筑	1. 站前广场、人行通路、庭院、停车车位 2. 建筑入口及门 3. 水平与垂直交通 4. 售票，联检通道，旅客候机、车、船厅及中转区 5. 行李托运、提取、寄存及商业服务区 6. 登机桥、天桥、地道、站台、引桥及旅客到达区
医疗建筑	● 综合医院、专科医院建筑 ● 疗养院建筑 ● 康复中心建筑 ● 急救中心建筑 ● 其他医疗、休养建筑	7. 门诊用房、急诊用房、住院病房、疗养用房 8. 放射、检验及功能检查用房、理疗用房等 9. 公共厕所 10. 服务台、挂号、取药、公共电话、饮水器及查询台等

注：1 交通与医疗建筑的入口应设无障碍入口。
2 交通与医疗建筑必须设无障碍专用厕所。
3 有楼层的交通与医疗建筑应设无障碍电梯。

5.1.6 学校、园林建筑进行无障碍设计的范围应符合表5.1.6的规定。

表5.1.6 无障碍设计的范围

建筑类别		设计部位
学校建筑	● 高等院校 ● 专业学校 ● 职业高中与中、小学及托幼建筑 ● 培智学校 ● 聋哑学校 ● 盲人学校	1. 建筑基地（人行通路、停车车位） 2. 建筑入口、入口平台及门 3. 水平与垂直交通 4. 普通教室、合班教室、电教室 5. 实验室、图书阅览室 6. 自然、史地、美术、书法、音乐教室
园林建筑	● 城市广场 ● 城市公园 ● 街心花园 ● 动物园、植物园 ● 海洋馆 ● 游乐园与旅游景点	7. 风雨操场、游泳馆 8. 观展区、表演区、儿童活动区 9. 室内外公共厕所 10. 售票处、服务台、公用电话、饮水器等相应设施

注：大型园林建筑及主要旅游地段必须设无障碍专用厕所。

5.2.1 高层、中高层住宅及公寓建筑进行无障碍设计的范围应符合表 5.2.1 的规定。

表 5.2.1 无障碍设计的范围

建 筑 类 别	设 计 部 位
● 高层住宅 ● 中高层住宅 ● 高层公寓 ● 中高层公寓	1. 建筑入口 2. 入口平台 3. 候梯厅 4. 电梯轿厢 5. 公共走道 6. 无障碍住房

注：高层、中高层住宅及公寓建筑，每 50 套住房宜设两套符合乘轮椅者居住的无障碍住房套型。

6.1.1 居住区道路进行无障碍设计应包括以下范围：
　1　居住区路的人行道（居住区级）；
　2　小区路的人行道（小区级）；
　3　组团路的人行道（组团级）；
　4　宅间小路的人行道。

6.2.1 居住区公共绿地进行无障碍设计应包括以下范围：
　1　居住区公园（居住区级）；
　2　小游园（小区级）；
　3　组团绿地（组团级）；
　4　儿童活动场。

7.1.2 公共建筑与高层、中高层居住建筑入口设台阶时，必须设轮椅坡道和扶手。

7.1.3 建筑入口轮椅通行平台最小宽度应符合表 7.1.3 的规定。

表 7.1.3 入口平台宽度

建 筑 类 别	入口平台最小宽度（m）
1. 大、中型公共建筑	≥2.00

续表 7.1.3

建筑类别	入口平台最小宽度（m）
2. 小型公共建筑	≥1.50
3. 中、高层建筑、公寓建筑	≥2.00
4. 多、低层无障碍住宅、公寓建筑	≥1.50
5. 无障碍宿舍建筑	≥1.50

7.2.5 坡道在不同坡度的情况下，坡道高度和水平长度应符合表 7.2.5 的规定。

表 7.2.5 坡道高度和水平长度

坡度	1:20	1:16	1:12	1:10	1:8
最大高度（m）	1.50	1.00	0.75	0.60	0.35
水平长度（m）	30.00	16.00	9.00	6.00	2.80

7.3.1 乘轮椅者通行的走道和通路最小宽度应符合表 7.3.1 的规定。

表 7.3.1 轮椅通行最小宽度

建筑类别	最小宽度（m）
1. 大型公共建筑走道	≥1.80
2. 中小型公共建筑走道	≥1.50
3. 检票口、结算口轮椅通道	≥0.90
4. 居住建筑走廊	≥1.20
5. 建筑基地人行通路	≥1.50

7.4.1 供残疾人使用的门应符合下列规定：

1 应采用自动门，也可采用推拉门、折叠门或平开门，不应采用力度大的弹簧门；

2 在旋转门一侧应另设残疾人使用的门；

3 轮椅通行门的净宽应符合表 7.4.1 的规定；

表 7.4.1 门的净宽

类　　别	净　宽（m）
1. 自动门	≥1.00
2. 推拉门、折叠门	≥0.80
3. 平开门	≥0.80
4. 弹簧门（小力度）	≥0.80

4 乘轮椅者开启的推拉门和平开门，在门把手一侧的墙面，应留有不小于 0.5m 的墙面宽度；

5 乘轮椅者开启的门扇，应安装视线观察玻璃、横执把手和关门拉手，在门扇的下方应安装高 0.35m 的护门板；

6 门扇在一只手操纵下应易于开启，门槛高度及门内外地面高差不应大于 15mm，并应以斜面过渡。

7.7.1 在公共建筑中配备电梯时，必须设无障碍电梯。

7.8.1 公共厕所无障碍设施与设计要求应符合表 7.8.1 的规定。

表 7.8.1 公共厕所无障碍设施与设计要求

设施类别	设　计　要　求
通道	地面应防滑和不积水，宽度不应小于 1.50m
洗手盆	1. 距洗手盆两侧和前缘 50mm 应设安全抓杆。 2. 洗手盆前应有 1.10m×0.80m 乘轮椅者使用面积
男厕所	1. 小便器两侧和上方，应设宽 0.60～0.70m、高 1.20m 的安全抓杆。 2. 小便器下口距地面不应大于 0.50m
无障碍厕位	1. 男、女公共厕所应各设一个无障碍隔间厕位。 2. 新建无障碍厕位面积不应小于 1.80m×1.40m。 3. 改建无障碍厕位面积不应小于 2.00m×1.00m。 4. 厕位门扇向外开启后，入口净宽不应小于 0.80m，门扇内侧应设关门拉手。 5. 坐便器高 0.45m，两侧应设高 0.70m 水平抓杆，在墙面一侧应设高 1.40m 的垂直抓杆

续表 7.8.1

设施类别	设 计 要 求
安全抓杆	1. 安全抓杆直径应为 30～40mm。 2. 安全抓杆内侧应距墙面 40mm。 3. 抓杆应安装坚固

7.8.2 专用厕所无障碍设施与设计要求应符合表 7.8.2 的规定。

表 7.8.2 专用厕所无障碍设施与设计要求

设施类别	设 计 要 求
设置位置	政府机关和大型公共建筑及城市的主要地段，应设无障碍专用厕所
门扇	应采用门外可紧急开启的门插销
面积	≥2.00m×2.00m
坐便器	坐便器高应为 0.45m，两侧应高 0.70m 水平抓杆，在墙面一侧应加高 1.40m 的垂直抓杆
洗手盆	两侧和前缘 50mm 处应设置安全抓杆
放物台	长、宽、高为 0.80m×0.50m×0.60m，台面宜采用木制品或革制品
挂衣钩	可设高 1.20m 的挂衣钩
呼叫按钮	距地面高 0.40～0.50m 处应设求助呼叫按钮

7.9.1 设有观众席和听众席的公共建筑，应设轮椅席位。

7.10.1 设有客房的公共建筑应设无障碍客房，其设施与设计要求应符合表 7.10.1 的规定。

表 7.10.1 无障碍设施与设计要求

类别	设 计 要 求
客房位置	1. 应便于到达、疏散和进出方便。 2. 餐厅、购物和康乐等设施的公共通道应方便轮椅到达
客房数量 （标准间）	1. 100 间以下，应设 1～2 间无障碍客房。 2. 100～400 间，应设 2～4 间无障碍客房。 3. 400 间以上，应设 3 间以上无障碍客房

续表 7.10.1

类别	设 计 要 求
客房内过道	1. 出口及床前过道的宽度不应小于 1.50m。 2. 床间距离不应小于 1.20m
卫生间	1. 门扇向外开启，净宽不应小于 0.80m。 2. 轮椅回转直径不应小于 1.50m。 3. 浴盆、坐便器、洗面盆及安全抓杆等应符合有关规定
电器与家具	1. 位置和高度应方便乘轮椅者靠近和使用。 2. 床、坐便器、浴盆高度应为 0.45m。 3. 客房及卫生间应设求助呼叫按钮

第二章 城市桥梁

一、《城市桥梁工程施工与质量验收规范》CJJ 2—2008

2.0.5 施工单位应按合同规定的或经过审批的设计文件进行施工。发生设计变更及工程洽商应按国家现行有关规定程序办理设计变更与工程洽商手续，并形成文件。严禁按未经批准的设计变更进行施工。

2.0.8 施工中必须建立技术与安全交底制度。作业前主管施工技术人员必须向作业人员进行安全与技术交底，并形成文件。

5.2.12 浇筑混凝土和砌筑前，应对模板、支架和拱架进行检查和验收，合格后方可施工。

6.1.2 钢筋应按不同钢种、等级、牌号、规格及生产厂家分批验收，确认合格后方可使用。

6.1.5 预制构件的吊环必须采用未经冷拉的 HPB235 热轧光圆钢筋制作，不得以其他钢筋替代。

8.4.3 预应力筋的张拉控制应力必须符合设计规定。

10.1.7 基坑内地基承载力必须满足设计要求。基坑开挖完成后，应会同设计、勘探单位实地验槽，确认地基承载力满足设计要求。

13.2.6 桥墩两侧梁段悬臂施工应对称、平衡。平衡偏差不得大于设计要求。

13.4.4 桥墩两侧应对称拼装，保持平衡。平衡偏差应满足设计要求。

14.2.4 高强度螺栓终拧完毕必须当班检查。每栓群应抽查总数的 5%，且不得少于 2 套。抽查合格率不得小于 80%，否则应继续抽查，直至合格率达到 80% 以上。对螺栓拧紧度不足者应补拧，对超拧者应更换、重新施拧并检查。

16.3.3 分段浇筑程序应对称于拱顶进行，且应符合设计要求。

17.4.1 施工过程中，必须对主梁各施工阶段的拉索索力、主梁标高、塔梁内力以及索塔位移量等进行监测，并应及时将有关数据反馈给设计单位，分析确定下一施工阶段的拉索张拉量值和主梁线形、高程及索塔位移控制量值等，直至合龙。

18.1.2 施工过程中，应及时对成桥结构线形及内力进行监控，确保符合设计要求。

二、《城市桥梁设计规范》CJJ 11—2011

3.0.8 桥梁结构的设计基准期应为 100 年。

3.0.14 当桥梁按持久状况承载能力极限状态设计时，根据结构的重要性、结构破坏可能产生后果的严重性，应采用不低于表 3.0.14 规定的设计安全等级。

表 3.0.14 桥梁设计安全等级

安全等级	结构类型	类 别
一级	重要结构	特大桥、大桥、中桥、重要小桥
二级	一般结构	小桥、重要挡土墙
三级	次要结构	挡土墙、防撞护栏

注：1 表中所列特大、大、中桥等系按本规范表 3.0.2 中单孔跨径确定，对多跨不等跨桥梁，以其中最大跨径为准；冠以"重要"的小桥、挡土墙系指城市快速路、主干路及交通特别繁忙的城市次干路上的桥梁、挡土墙。
  2 对有特殊要求的桥梁，其设计安全等级可根据具体情况另行确定。

3.0.19 桥上或地下通道内的管线敷设应符合下列规定：

1 不得在桥上敷设污水管、压力大于 0.4MPa 的燃气管和其他可燃、有毒或腐蚀性的液、气体管。条件许可时，在桥上敷设的电信电缆、热力管、给水管、电压不高于 10kV 配电电缆、压力不大于 0.4MPa 燃气管必须采取有效的安全防护措施。

2 严禁在地下通道内敷设电压高于 10kV 配电电缆、燃气管及其他可燃、有毒或腐蚀性液、气体管。

8.1.4 当立交、高架道路桥梁的下穿道路紧靠柱式墩或薄壁墩台、墙时,所需的安全带宽度应符合下列规定:

1 当道路设计行车速度大于或等于60km/h时,安全带宽度不应小于0.50m;

2 当道路设计行车速度小于60km/h时,安全带宽度不应小于0.25m。

10.0.2 桥梁设计时,汽车荷载的计算图式、荷载等级及其标准值、加载方法和纵横向折减等应符合下列规定:

1 汽车荷载应分为城—A级和城—B级两个等级。

2 汽车荷载应由车道荷载和车辆荷载组成。车道荷载应由均布荷载和集中荷载组成。桥梁结构的整体计算应采用车道荷载,桥梁结构的局部加载、桥台和挡土墙压力等的计算应采用车辆荷载。车道荷载与车辆荷载的作用不得叠加。

3 车道荷载的计算(图10.0.2-1)应符合下列规定:

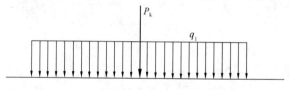

图10.0.2-1 车道荷载

1) 城—A级车道荷载的均布荷载标准值(q_k)应为10.5kN/m。集中荷载标准值(P_k)的选取:当桥梁计算跨径小于或等于5m时,P_k=180kN;当桥梁计算跨径等于或大于50m时,P_k=360kN;当桥梁计算跨径在5m~50m之间时,P_k值应采用直线内插求得。当计算剪力效应时,集中荷载标准值(P_k)应乘以1.2的系数。

2) 城—B级车道荷载的均布荷载标准值(q_k)和集中荷载标准值(P_k)应按城—A级车道荷载的75%采用。

3) 车道荷载的均布荷载标准值应满布于使结构产生最不

利效应的同号影响线上；集中荷载标准值应只作用于相应影响线中一个最大影响线峰值处。

4 车辆荷载的立面、平面布置及标准值应符合下列规定：

1) 城—A级车辆荷载的立面、平面、横桥向布置（图10.0.2-2）及标准值应符合表10.0.2的规定：

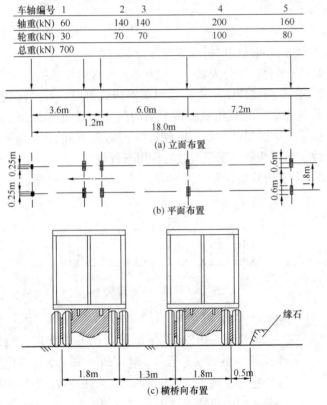

图 10.0.2-2 城—A级车辆荷载立面、平面、横桥向布置

表 10.0.2 城—A级车辆荷载

车轴编号	单位	1	2	3	4	5
轴重	kN	60	140	140	200	160
轮重	kN	30	70	70	100	80
纵向轴距	m		3.6	1.2	6	7.2

续表10.0.2

车轴编号	单位	1	2	3	4	5
每组车轮的横向中距	m	1.8	1.8	1.8	1.8	1.8
车轮着地的宽度×长度	m	0.25×0.25	0.6×0.25	0.6×0.25	0.6×0.25	0.6×0.25

　　2）城—B级车辆荷载的立面、平面布置及标准值应采用现行行业标准《公路桥涵设计通用规范》JTG D60车辆荷载的规定值。

　5 车道荷载横向分布系数、多车道的横向折减系数、大跨径桥梁的纵向折减系数、汽车荷载的冲击力、离心力、制动力及车辆荷载在桥台或挡土墙后填土的破坏棱体上引起的土侧压力等均应按现行行业标准《公路桥涵设计通用规范》JTG D60的规定计算。

10.0.3 应根据道路的功能、等级和发展要求等具体情况选用设计汽车荷载。桥梁的设计汽车荷载应根据表10.0.3选用，并应符合下列规定：

表10.0.3　桥梁设计汽车荷载等级

城市道路等级	快速路	主干路	次干路	支路
设计汽车荷载等级	城—A级或城—B级	城—A级	城—A级或城—B级	城—B级

　1 快速路、次干路上如重型车辆行驶频繁时，设计汽车荷载应选用城—A级汽车荷载；

　2 小城市中的支路上如重型车辆较少时，设计汽车荷载采用城—B级车道荷载的效应乘以0.8的折减系数，车辆荷载的效应乘以0.7的折减系数；

　3 小型车专用道路，设计汽车荷载可采用城—B级车道荷载的效应乘以0.6的折减系数，车辆荷载的效应乘以0.5的折减系数。

10.0.7 作用在桥上人行道栏杆扶手上竖向荷载应为1.2kN/m；水平向外荷载应为2.5kN/m。两者应分别计算。

三、《城市人行天桥与人行地道技术规范》CJJ 69—95

2.3.1 天桥桥下净高应符合下列规定：

2.3.1.1 天桥桥下为机动车道时，最小净高为4.5m，行驶电车时，最小净高为5.0m。

2.3.1.3 天桥桥下为非机动车道时，最小净高为3.5m，如有从道路两侧的建筑物内驶出的普通汽车需经桥下非机动车道通行时，其最小净高为4.0m。

2.3.1.4 天桥、梯道或坡道下面为人行道时，净高为2.5m，最小净高为2.3m。

2.3.1.5 考虑维修或改建道路可能提高路面标高时，其净高应适当提高。

2.3.2 地道的最小净高应符合下列规定：

2.3.2.1 地道通道的最小净高为2.5m。

2.3.2.2 地道梯道踏步中间位置的最小垂直净高为2.4m，坡道的最小垂直净高为2.5m，极限为2.2m。

2.3.3 天桥桥面净高应符合下列规定：

2.3.3.1 最小净高为2.5m。

2.3.3.2 各级架空电缆与天桥、梯（坡）道面最小垂直距离应符合表2.3.3规定。

表2.3.3　天桥、梯道、坡道与各级电压电力线间最小垂直距离表

最小垂直距离 (m)　　　地区	线路电压 (kV)	配电线		送电线		
	1以下	1～10	35	60～110	154～220	330
居民区	5.0	6.5	7.0	7.0	7.5	8.5
非居民区	5.0	5.5	6.0	6.0	6.5	7.5

2.5.1 天桥与地道的结构应符合以下要求：

2.5.1.1 结构在制造、运输、安装和使用过程中，应具有规定的强度、刚度、稳定性和耐久性。

2.5.2 天桥上部结构，由人群荷载计算的最大竖向挠度，不应超过下列允许值：

梁板式主梁跨中 $L/600$；

梁板式主梁悬臂端 $L_1/300$；

桁架、拱 $L/800$。

注：L 为计算跨径，L_1 为悬臂长度。

2.5.4 为避免共振，减少行人不安全感，天桥上部结构竖向自振频率不应小于 3Hz。

2.5.7 地道结构，以汽车荷载（不计冲击力）计算的最大挠度不应超过 $L/600$。

注：用平板挂车或履带车荷载验算时，上述允许挠度可增加 20%。

2.6.8 天桥或地道结构不得敷设高压电缆、煤气管和其他可燃、易爆、有毒或有腐蚀性液（气）体管道过街。

2.8.1 天桥必须设桥下限高的交通标志。

2.8.4 当天桥上方的架空线距桥面不足安全距离时，为确保安全，桥上应设置安全防护罩，安全防护罩距桥面的距离不宜小于 2.5m。

2.8.6 在地道两端，应设置消火栓，配备消防器材。在长地道内，应按有关消防规范，设置消防措施和急救通讯装置。

3.1.11 栏杆水平推力水平荷载为 2.5kN/m，竖向荷载为 1.2kN/m，不与其他活载叠加。

3.4.5 栏杆扶手应符合下列规定：

3.4.5.1 栏杆高度不应小于 1.05m。

3.4.5.2 栏杆应以坚固、耐久的材料制作。

3.7.2 天桥的地基与基础，应保证具有足够的强度、稳定性及耐久性。

3.9.1 天桥的墩、柱应在墩边设防撞护栏。

3.9.5 挂有无轨电车馈电线的天桥，馈电线与天桥间应有双重绝缘设施，天桥应有接地设施。

4.2.4.2 地道内的装修材料应采用阻燃材料。

4.5.1 地道通道及梯道地面设计平均亮度（照度）不得小于 2.2nt（≈30lx），应合理布设灯具，使照度均匀；

地道进出口设计亮度（照度）不宜小于 2.2nt（≈30lx）。

5.1.2 施工前应对地下管线及地下设施做充分调查核实，确认其种类、埋深、位置、尺寸，并同这些管线、设施的主管部门现场核对，协商施工前、后的处理方法。

5.1.4 施工前应对施工地点的环境做细致调查，在决定施工方案时应减少对当地环境的尘土、噪声、振动等污染。

5.1.5 施工现场应有必要的围挡，确保行人、车辆通行安全，且有利于工地维持整洁。

5.1.6 施工挖掘过程要注意土体稳定和地面沉降问题，应有量测监控，随时监视可能危及施工安全和周围建筑安全的动态，并有应急措施。

5.2.1 开工前应做好给水、排水、电力、电讯、煤气、热力等管线的拆迁或加固。

5.2.2 开挖基坑前应详细调查基坑开挖对附近建筑物安全的影响，并应采用相应预防措施。基坑顶有动载时，坑顶与动载间至少应留有1m宽的护道，若工程地质和水文地质不良或动载过大应加宽护道或采取加固措施。

当坑壁不能保证适当稳定坡角时，基坑壁应采用支撑护壁或其他加固措施。

5.2.5 基坑顶面应设置防止地面水流入基坑的措施。

5.4.2 运输吊装前应制定技术方案，对构件吊装方法、沿途道路障碍处理措施、交通疏导、现场的杆线和电车馈线停运与恢复时间及协作配合的指挥方式、安全措施等都应有安排。

5.4.3 安装分段预制的梁、组合梁、分段预制经体系转换而成的连续体系或空间结构，应制定技术方案和相应的施工验算，使最后形成的结构的内力、高程、线型与设计相符。

5.5.4 天桥施工与电车架空线有配合关系时，施工部门应与公交部门密切合作，确保双方的工程安全和人身安全。

架空电线需悬挂在桥体上时必须设置绝缘装置。

四、《城镇地道桥顶进施工及验收规程》CJJ 74—99

3.0.3 在顶进作业前，应依据设计图纸及施工组织设计由铁路部门对施工范围内的铁路线路进行加固。

3.0.8 在地道桥顶进过程中，应对线路加固系统、桥体各部位、顶力体系和后背进行测量监控，测量监控方案应纳入施工组织设计或施工技术方案中。

6.9.1 桥体顶进前的准备工作应符合下列规定：

6.9.1.8 申报的铁路慢行应办理批准手续，并应确定线路加固、桥体顶进和线路恢复作业时间，防护人员及防护设施等措施应落实到位。

6.9.3 顶进挖运土方应符合下列规定：

6.9.3.1 挖土应在列车运行的间隙时间内进行，按照侧刃脚坡度及规定的进尺应由上往下开挖。侧刃脚进土应在 0.1m 以上。开挖面的坡度不得大于 1：0.75，并严禁逆坡挖土，不得超前挖土，应设专人监护。严禁扰动基底土壤，挖土的进尺可根据土质确定，宜为 0.5m；当土质较差时，可按千斤顶的有效行程掘进，并随挖随顶防止路基塌方。

6.10.1 地道桥顶进施工时应对桥体各部位、顶力体系和后背不断地进行观测、记录、分析和控制。

6.10.2 发现变形和位移时，应立即调整，以确保顶进施工安全。

6.10.3 应测量监控桥体轴线、高程和桥体结构变形。桥体轴线和高程观测点宜设在边墙内侧前后端的上方；结构变形观测点除应按设计要求布置外，尚应观测桥体底板 1/4 跨和跨中的竖向变形和诸墙的变形。观测仪器应设在后背受力影响区以外，并应设置防雨照明设施。

7.0.1 在地道桥顶进施工中，必须对铁路线路进行加固。

8.1.1 工作坑开挖不得扰动基底土；当发生超挖，严禁用土回填。

五、《城市桥梁养护技术规范》CJJ 99—2003

3.0.12 在城市桥梁上增加静荷载（构筑物、风雨篷、广告牌、管线等）必须满足桥梁安全技术要求。

4.3.15 检查人员应根据桥梁养护维修的有关规定，对Ⅰ类养护的城市桥梁因结构损坏被评定为不合格的，应立即限制交通，组织修复。对Ⅱ～Ⅴ类养护的城市桥梁评估为 D 级桥梁，应提出处理措施，需紧急抢修的桥梁应提出时间要求。对 E 类桥梁应立即限制交通，等待处理。

4.4.3 城市桥梁在下列情况下应进行特殊检测：

1 城市桥梁遭受洪水冲刷、流冰、漂流物、船舶或车辆撞击、滑坡、地震、风灾、火灾、化学剂腐蚀、车辆荷载超过桥梁限载的车辆通过等特殊灾害造成结构损伤。

2 城市桥梁常规定期检测中难以判明是否安全的桥梁。

3 为提高或达到设计承载等级而需要进行修复加固、改建、扩建的城市桥梁。

4 超过设计年限，需延长使用的城市桥梁。

5 常规定期检测中桥梁技术状况Ⅰ类养护的城市桥梁被评定为不合格级的桥梁，Ⅱ～Ⅴ类养护的城市桥梁被评定为 D 级或 E 级的桥梁。

6 常规定期检测发现加速退化的桥梁构件需要补充检测的城市桥梁。

5.4.4 当预应力混凝土构件锚固端的封端混凝土出现裂缝、剥落、渗漏、穿孔、预应力锚具暴露时，应及时对预应力锚具刷防锈漆，重做封端混凝土。

5.4.10 钢筋混凝土拱桥拱圈开裂超过限值时，应限制或禁止通行，并应通过特殊检测查明原因，进行处理。

5.6.11 采用电焊连接主梁时，应停止运营，并应检查其安全性。

5.7.2 钢-混凝土组合梁桥面板不得有纵向裂缝。应每季度检查一次，检查纵向裂缝的宽度、长度、位置、密度及发展程度等，必要时应拆除部分铺装层观测。当产生纵向裂缝时，应及时采取加固措施。

5.8.1 吊桥钢索不得锈蚀，应每季度检查一次主缆和吊杆的钢索防护，钢索应处于正常工作状态。

5.8.6 吊桥的避雷装置应保持完好。避雷针接地线附近严禁堆放物品和修建任何设施。严禁挖掘地线的覆土，并应采取防冲刷措施。在雷雨季节前，避雷针和引下线及地线应检测。当防雷性能降低时，必须及时修理。

5.9.1 斜拉桥应定期进行动力特性、重要部位的内力、拉索索力、拉索探伤和静载的检测，时间间隔不得超过 7 年。检测报告应结合历年的各项检测结果综合分析。应通过结构监测，掌握桥梁在使用过程中结构构件的变化和力学性能及空间位移情况。

5.9.6 斜拉索锚固端的检查应符合下列规定：

1 塔端锚头、钢主梁端锚头必须每半年进行一次保养，对在钢梁外侧并有钢盖板罩的锚头应每 3 年进行一次保养。

2 锚具的锚杯及锚杯外梯形螺纹和螺母不得锈蚀和变形，锚板不得断裂；墩头应无异常。

3 锚固结构的支承垫块不得锈蚀、位移、变形；梁端锚箱不得锈蚀、变形；锚箱与主钢梁腹板连接的高强度螺栓不得松动、锈蚀；塔端或混凝土梁端预埋承压钢板不得锈蚀、变形；钢板四周混凝土不得有裂缝、剥落、渗水等现象。

5.9.12 当斜拉桥钢筋混凝土或预应力混凝土主梁的裂缝超过规定值或挠度超过设计规定的允许值或拉索索力偏离设计值较大时，应查明原因，通过计算进行加固和调整索力。

6.1.3 当连续梁桥墩台和拱桥的不均匀沉降值超过设计允许变形时，应查明原因，进行加固处理和调整高程。

8.0.4 人行通道内电器、电路、控制设备应每月检查一次，所有电气设备必须安全、可靠、有效，严禁漏电和超负荷运行。照明灯具应完好、有效。

11.0.1 当车辆荷载超过桥梁限载的车辆通过桥梁时，应采取技术措施，由城市桥梁主管部门的专门技术人员组织指挥，并应详细记录存档。

六、《城市桥梁桥面防水工程技术规程》CJJ 139—2010

3.0.1 混凝土桥面铺装内应设防水层。桥面系应有完善的防水、排水系统。

七、《城市桥梁抗震设计规范》CJJ 166—2011

3.1.3 地震基本烈度为6度及以上地区的城市桥梁，必须进行抗震设计。

3.1.4 各类城市桥梁的抗震措施。应符合下列要求：

   1 甲类桥梁抗震措施，当地震基本烈度为6～8度时，应符合本地区地震基本烈度提高一度的要求；当为9度时，应符合比9度更高的要求。

   2 乙类和丙类桥梁抗震措施，一般情况下，当地震基本烈度为6～8度时，应符合本地区地震基本烈度提高一度的要求；当为9度时，应符合比9度更高的要求。

   3 丁类桥梁抗震措施均应符合本地区地震基本烈度的要求。

4.2.1 存在饱和砂土或饱和粉土（不含黄土）的地基，除6度设防外，应进行液化判别；存在液化土层的地基，应根据桥梁的抗震设防类别、地基的液化等级，结合具体情况采取相应的措施。

6.3.2 当采用多振型反应谱法计算时，振型阶数在计算方向给出的有效振型参与质量不应低于该方向结构总质量的90%。

6.4.2 时程分析的最终结果，当采用3组地震加速度时程计算时，应取各组计算结果的最大值；当采用7组及以上地震加速度时程计算时，可取结果的平均值。

8.1.1 对地震基本烈度 7 度及以上地区，墩柱塑性铰区域内加密箍筋的配置，应符合下列要求：

1 加密区的长度不应小于墩柱弯曲方向截面边长或墩柱上弯矩超过最大弯矩 80% 的范围；当墩柱的高度与弯曲方向截面边长之比小于 2.5 时，墩柱加密区的长度应取墩柱全高；

2 加密箍筋的最大间距不应大于 10cm 或 $6d_{b1}$ 或 $b/4$（d_{b1} 为纵筋的直径，b 为墩柱弯曲方向的截面边长）；

3 箍筋的直径不应小于 10mm；

4 螺旋式箍筋的接头必须采用对接焊，矩形箍筋应有 135°弯钩，并应伸入核心混凝土之内 $6d_{b1}$ 以上。

9.1.3 桥梁减隔震设计，应满足下列要求：

1 桥梁减隔震支座应具有足够的刚度和屈服强度。

2 相邻上部结构之间应设置足够的间隙。

八、《市政架桥机安全使用技术规程》JGJ 266—2011

3.0.1 架桥机应具有特种设备制造许可证、产品合格证、使用说明书、制造监督检验证明和备案证明。

3.0.3 从事架桥机的装拆企业必须具备建设主管部门颁发的起重设备安装工程专业承包资质和施工企业安全生产许可证，架桥机的特种作业人员必须持由国家认可具有培训资格部门签发的操作资格证书上岗。

3.0.5 施工单位应根据工程情况选用架桥机类型，并应制定作业计划、编制架桥机装拆和使用的施工方案。施工方案应通过专家论证，并应经监理单位批准后方可实施。必须严格按施工方案组织施工，不得擅自修改和调整施工方案。

4.4.5 架桥机安装完毕后，使用单位应组织出租、安装、监理等有关单位进行验收，并应委托具有国家认可检验检测资质的机构进行检测，检测后应出具检验报告。架桥机应经验收合格后再投入使用。

第三章 道路交通规划相关

一、《城市用地分类与规划建设用地标准》GB 50137—2011（节选）

4.3.3 规划人均道路与交通设施用地面积不应小于12.0m²/人。

二、《镇规划标准》GB 50188—2007

9.2.3 镇区道路中各级道路的规划技术指标应符合表9.2.3的规定。

表9.2.3 镇区道路规划技术指标（人）

规划技术指标	道路级别			
	主干路	干路	支路	巷路
计算行车速度（km/h）	40	30	20	—
道路红线宽度（m）	24～36	16～24	10～14	—
车行道宽度（m）	14～24	10～14	6～7	3.5
每侧人行道宽度（m）	4～6	3～5	0～3	0
道路间距（m）	≥500	250～500	120～300	60～150

9.2.5 1 连接工厂、仓库、车站、码头、货场等以货运为主的道路不应穿越镇区的中心地段；

2 文体娱乐、商业服务等大型公共建筑出入口处应设置人流、车辆集散场地；

9.3.3 高速公路和一级公路的用地范围应与镇区建设用地范围之间预留发展所需的距离。

规划中的二、三级公路不应穿过镇区和村庄内部，对于现状穿过镇区和村庄的二、三级公路应在规划中进行调整。

三、《城市用地竖向规划规范》CJJ 83—99

7.0.2 道路规划纵坡和横坡的确定，应符合下列规定：

1 机动车车行道规划纵坡应符合表 7.0.2-1 的规定；海拔 3000~4000m 的高原城市道路的最大纵坡不得大于 6%；

表 7.0.2-1 机动车车行道规划纵坡

道路类别	最小纵坡（%）	最大纵坡（%）	最小坡长（m）
快速路	0.2	4	290
主干路		5	170
次干路		6	110
支（街坊）路		8	60

2 非机动车车行道规划纵坡宜小于 2.5%。大于或等于 2.5%时应按表 7.0.2-2 的规定限制坡长。机动车与非机动车混行道路其纵坡应按非机动车车行道的纵坡取值；

表 7.0.2-2 非机动车车行道规划纵坡与限制坡长（m）

限制坡长（m）＼车种＼坡度（%）	自行车	三轮车、板车
3.5	150	—
3.0	200	100
2.5	300	150

3 道路的横坡应为 1%~2%。

7.0.4 广场竖向规划除满足自身功能要求外，尚应与相邻道路和建筑物相衔接。广场的最小坡度应为 0.3%；最大坡度平原地区应为1%,丘陵和山区应为3%。

7.0.5 山区城市竖向规划应满足建设完善的步行系统的要求并应符合下列规定：

1 人行梯道按其功能和规模可分为三级：一级梯道为交通枢纽地段的梯道和城市景观性梯道；二级梯道为连接小区间步行交通的梯道；三级梯道为连接组团间步行交通或入户的梯道；

2 梯道每升高 1.2～1.5m 宜设置休息平台；二三级梯道连续升高超过 0.5m 时，除应设置休息平台外，还应设置转折平台，且转折平台的宽度不宜小于梯道宽度；

3 各级梯道的规划指标宜符合表 7.0.5-3 的规定。

表 7.0.5-3 梯道的规划指标

规划指标\项目 级别	宽度（m）	坡比值	休息平台宽度（m）
一	≥10.0	≤0.25	≥2.0
二	4.0～10.0	≤0.30	≥1.5
三	1.5～4.0	≤0.35	≥1.2

第二篇 公 路

第一章 公路道路

一、《公路路线设计规范》JTG D20—2006

6.6.1 公路建筑限界是为了保证公路上规定的车辆正常运行与安全,在一定宽度和高度范围内,不得有任何障碍物侵入的空间范围。

在公路横断面设计中,公路标志、护栏、照明灯柱、电杆、管线、绿化、行道树以及跨线桥的梁底、桥台、桥墩等的任何部分不得侵入公路建筑限界之内。

6.6.2 各级公路的建筑限界规定如图 6.6.2。

(1) 当设置加(减)速车道、爬坡车道、慢车道、紧急停车带、错车道时,建筑限界应包括该部分的宽度。

(2) 八车道及其以上整体式路基的高速公路,设置左侧硬路肩时,建筑限界应包括相应部分的宽度,如图 6.6.2(b)所示。

(3) 隧道最小侧向宽度规定如表 6.6.2。

表 6.6.2 隧道最小侧向宽度

设计速度 (km/h)	高速公路			一级公路			二级公路		三级公路		四级公路
	120	100	80	100	80	60	80	60	40	30	20
左侧侧向宽度 $L_{左}$ (m)	0.75	0.50	0.50	0.50	0.50	0.50	0.75	0.50	0.25	0.25	0.50
右侧侧向宽度 $L_{右}$ (m)	1.25	1.00	0.75	1.00	0.75	0.75	0.75	0.50	0.25	0.25	0.50

(4) 桥梁、隧道设置检修道、人行道时,建筑限界应包括相应部分的宽度。

(5) 检修道、人行道与行车道分开设置时,其净高应

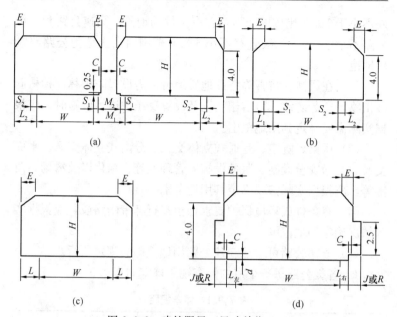

图 6.6.2 建筑限界（尺寸单位：m）

(a) 高速公路、一级公路（整体式）；(b) 高速公路、一级公路（分离式）；
(c) 二、三、四级公路；(d) 公路隧道

W—行车道宽度；L_1—左侧硬路肩宽度；L_2—右侧硬路肩宽度；S_1—左侧路缘带宽度；S_2—右侧路缘带宽度；L—侧向宽度：高速公路、一级公路的侧向宽度为硬路肩宽度（L_1 或 L_2）；二、三、四级公路的侧向宽度为路肩宽度减去 0.25m；隧道内侧向宽度（$L_左$ 或 $L_右$）应符合表 6.6.2 规定；C—当设计速度大于 100km/h 时为 0.5m，等于或小于 100km/h 时为 0.25m；M_1—中间带宽度；M_2—中央分隔带宽度；J—隧道内检修道宽度；R—隧道内人行道宽度；d—隧道内检修道或人行道高度；E—建筑限界顶角宽度：当 $L \leqslant 1m$ 时，$E=L$；当 $L > 1m$ 时，$E=1m$；H—净空高度

为 2.50m。

（6）高速公路、一级公路、二级公路的净高应为 5.00m；三级公路、四级公路的净高应为 4.50m。

6.7.2 公路用地范围

（1）公路路堤两侧排水沟外边缘（无排水沟时为路堤或护坡道坡脚）以外，或路堑坡顶截水沟外边缘（无截水沟为坡顶）以

外不小于 1m 范围内的土地,在有条件的地段,高速公路和一级公路不小于 3m、二级公路不小于 2m 范围内的土地为公路路基用地范围。

(2) 在风沙、雪害等特殊地质地带,需设置防护林,种植固沙植物,安装防沙或防雪栅栏以及设置反压护道等设施时,应根据实际需要确定其用地范围。

(3) 桥梁、隧道、互通式立体交叉、分离式立体交叉、平面交叉、交通安全设施、服务设施、管理设施、绿化以及料场、苗圃等,应根据实际需要确定其用地范围。

(4) 有条件或环境保护要求种植多行林带的路段,应根据实际情况确定用地范围。

(5) 改建公路可参照新建公路用地范围的规定执行。

7.9.1 各级公路每条车道的停车视距规定如表 7.9.1。

表 7.9.1 停车视距

设计速度 (km/h)	120	100	80	60	40	30	20
停车视距 (m)	210	160	110	75	40	30	20

12.2.6 铁路上跨公路时的设计要点

(1) 铁路跨线桥的跨径与净高必须符合公路建筑限界的规定。

(2) 铁路跨越二级公路、三级公路、四级公路时,严禁在行车道上设置中墩。

铁路跨越四车道高速公路时,不得在中间带设置中墩。

铁路跨越六车道及其以上高速公路时,若须在中间带设置中墩时,中墩两侧必须设防撞护栏,并留足设置防撞护栏和护栏缓冲变形的安全距离。

(3) 铁路跨线桥所跨越的宽度应包括该路段公路标准横断面宽度及其所附属的变速车道、爬坡车道、边沟等的宽度。

(4) 铁路跨线桥的跨径与布孔应留有足够的侧向余宽,不得将墩、台设置在公路排水边沟以内,并满足公路视距和对前方公路识别的要求。不能满足公路视距与对前方公路识别要求时,应设置边孔。

(5) 铁路跨越高速公路、一级公路时,其铁路跨线桥应设置防落网。

(6) 铁路跨线桥及其引道的排水系统应自成体系排除,跨线桥桥面雨水不得直接排至公路建筑限界范围内。

二、《公路交通安全设施设计规范》JTG D81—2006

4.2.1 路侧护栏

(1) 车辆驶出路外有可能造成二次特大事故的路段必须设置路侧护栏。

(2) 凡符合下列情况之一、车辆驶出路外有可能造成单车特大事故或二次重大事故的路段必须设置路侧护栏：

①二级及以上等级公路边坡坡度和路堤高度在图4.2.1的Ⅰ区方格阴影范围之内的路段；

②路侧有江、河、湖、海、沼泽、航道等水域的路段。

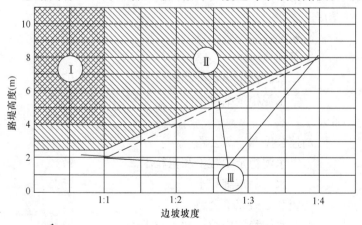

图4.2.1 边坡坡度、路堤高度与设置护栏的关系

4.2.2 中央分隔带护栏

(1) 当整体式断面中间带宽度小于或等于12m时,必须设

置中央分隔带护栏；大于12m时，应分路段确定是否设置中央分隔带护栏。

5.2.1 高速公路桥梁的外侧和中央分隔带必须设置桥梁护栏。

5.2.2 作为干线公路的一级、二级公路桥梁必须设置路侧护栏，作为干线公路的一级公路桥梁必须设置中央分隔带护栏。

8.2.1 隔离栅

（1）除特殊路段外，高速公路、需要控制出入的一级公路沿线两侧必须连续设置隔离栅，其他公路可根据需要设置。

三、《公路路面基层施工技术规范》JTJ 034—2000

3.1.5 施工期的日最低气温度在5℃以上，在有冰冻的地区，并应在第1次（-3℃～-5℃）到来之前半个月到一个月完成。

3.1.7 水泥稳定土结构层施工时，应遵守下列规定：

（6）应在混合料处于或略大于最佳含水量（气候炎热干燥时，基层混合料可大2%）时进行碾压，直到达到下列按重型击实试验法确定的要求压实度（最低要求）

基层：

    高速公路和一级公路　　　　　　　　　　98%

    二级和二级以下公路

        水泥稳定中粒土和粗粒土　　　　　　97%

        水泥稳定细粒土　　　　　　　　　　93%

底基层：

    高速公路和一级公路

        水泥稳定中粒土和粗粒土　　　　　　97%

        水泥稳定细粒土　　　　　　　　　　95%

    二级和二级以下公路

        水泥稳定中粒土和粗粒土　　　　　　95%

        水泥稳定细粒土　　　　　　　　　　93%

3.3.1 一般规定

1 各级公路用水泥稳定土的7d浸水抗压强度应符合表

3.3.1 的规定。

表 3.3.1 水泥稳定土的抗压强度标准

层次 \ 公路等级	二级和二级以下公路	高速公路和一级公路
基层（MPa）	2.5～3	3～5
底基层（MPa）	1.5～2.0	1.5～2.5

4.1.5 施工期的日最低气温应在 5℃ 以上，并应在第一次重冰冻（-3℃～-5℃）到来之前一个月到一个半月完成。多雨地区，应避免在雨季进行石灰土结构层的施工。

4.1.7 石灰稳定土层施工时，应遵守下列规定：

（1）细粒土应尽可能粉碎，土块最大尺寸不应大于 15mm。

（6）应在混合料处于最佳含水量或略小于最佳含水量（1%～2%）时进行碾压，直到达到下列按重型击实试验法确定的要求压实度：

基层：

    二级和二级以下公路

        石灰稳定中粒土和粗粒土   97%

        石灰稳定细粒土   93%

底基层：

    高速公路和一级公路

        石灰稳定中粒土和粗粒土   97%

        石灰稳定细粒土   95%

    二级和二级以下公路

        石灰稳定中粒土和粗粒土   95%

        石灰稳定细粒土   93%

4.3.1 一般规定

1 各级公路用石灰稳定土的 7d 浸水抗压强度应符合表 4.3.1 的规定。

表 4.3.1　石灰稳定土的抗压强度标准

公路等级 层　位	二级和二级以下公路	高速公路和一级公路
基层（MPa）	≥0.8①	—
底基层（MPa）	0.5～0.7②	≥0.8

注：①在低塑性土（塑性指数小于7）地区，石灰稳定砂砾土和碎石土的7d浸水抗压强度应大于0.5MPa（100g平衡锥测液限）。
　　②低限用于塑性指数小于7的黏性土，且低限值宜仅用于二级以下公路。高限用于塑性指数大于7的黏性土。

5.1.5　石灰工业废渣稳定土宜在春末和夏季组织施工。施工期的日最低气温应在5℃以上，并应在第一次重冰冻（－3℃～－5℃）到来之前一个月到一个半月完成。

5.1.6　石灰工业废渣稳定土结构层施工时，应遵守下列规定：

（5）应在混合料处于或略大于最佳含水量时进行碾压，直到达到下列按重型击实试验法确定的要求压实度：

基层：

　　高速公路和一级公路　　　　　　　　　　98%
　　二级和二级以下公路
　　　　稳定中粒土和粗粒土　　　　　　　　97%
　　　　稳定细粒土　　　　　　　　　　　　93%

底基层：

　　高速公路和一级公路
　　　　稳定中粒土和粗粒土　　　　　　　　97%
　　　　稳定细粒土　　　　　　　　　　　　95%
　　二级和二级以下公路
　　　　稳定中粒土和粗粒土　　　　　　　　95%
　　　　稳定细粒土　　　　　　　　　　　　93%

5.3.1　一般规定

1　石灰工业废渣稳定土的7d浸水抗压强度应符合表5.3.1的规定。

表 5.3.1　二灰混合料的抗压强度标准

层　位＼公路等级	二级和二级以下公路	高速公路和一级公路
基层（MPa）	0.6～0.8	0.8～1.1①
底基层（MPa）	≥0.5	≥0.6

注：①设计累计标准轴次小于 $12×10^6$ 的高速公路用低限值；设计累计标准轴次大于 $12×10^6$ 的高速公路用中值；主要行驶重载车辆的高速公路用高限值。对于具体一条高速公路，应根据交通状况采用某一强度标准。

四、《公路水泥混凝土路面滑模施工技术规程》JTJ/T 037.1—2000

5.1.1　水泥

1 各级交通路面适用的水泥的抗折强度不得低于表 5.1.1-1 的规定。

表 5.1.1-1　各级交通路面适用的水泥抗折强度

交通等级	特　重	重	中等、轻
水泥抗折强度（MPa）	≥7.5	≥7.0	≥6.5

5.2.1　基本要求

3 耐久性

（2）路面混凝土满足耐久性要求的最大水灰比：高速公路、一级公路不应大于 0.44；二、三级公路不应大于 0.48。

（3）无抗冻性要求时的最小水泥用量不应小于 $300kg/m^3$。如掺用粉煤灰，最小水泥用量不应小于 $250kg/m^3$。有抗冰冻性和抗盐冻性要求时的最小水泥用量不应小于 $320kg/m^3$。如掺用粉煤灰，最小水泥用量不应小于 $270kg/m^3$。

五、《公路工程施工安全技术规程》JTJ 076—95

2.0.1 工程开工前，施工单位必须详细核对设计文件，根据施工地段的地形、地质、水文、气象等资料，在编制施工组织设计的同时，制定相应的安全技术措施。

2.0.2 参加施工的人员，必须接受安全技术教育，熟知和遵守本工种的各项安全技术操作规程，并应定期进行安全技术考核，合格者方准上岗操作。对于从事电气、起重、建筑登高架设作业、锅炉、压力容器、焊接、车辆驾驶、机动船艇驾驶、爆破、瓦斯检验等特殊工种的人员，应经过专业培训，获得合格证书后，方准持证上岗。

2.0.3 施工单位均应按国家规定建立健全各级安全管理机构和设立专职或兼职安全检查人员。

2.0.4 施工现场要设置足够的消防设备。

2.0.8 施工所用的各种机具设备和劳动保护用品，应定期进行检查和必要的检验，保证其经常处于完好状态；不合格的机具设备和劳动保护用品严禁使用。

3.1.3 施工现场的生活生产房屋、变电所、发电机房、临时油库等均应设在干燥地基上，并应符合防火、防洪、防风、防爆、防震的要求。

3.1.7 易燃易爆品仓库、发电机房、变电所，应采取必要的安全防护措施，严禁用易燃材料修建。炸药库的设置应符合国家有关规定。工地的小型临时油库应远离生活区 50m 以外，并外设围栏。

3.1.8 工地上较高的建（构）筑物、临时设施及重要库房，如炸药库、油库、发（变）电房、塔架、龙门吊架等，均应加设避雷装置。

3.3.7 电工在接近高压线操作时，其安全距离为：10kV 以下不得小于 0.7m，20～35kV 不得小于 1m，44kV 不得小于 1.2m，否则必须停电后方可操作。

3.3.8 各种电器设备应配有专用开关，室外使用的开关、插座应外装防水箱并加锁，在操作处加设绝缘垫层。

3.3.9 在三相四线制中性点接地供电系统中，电气设备的金属外壳应做接零保护；在非三相四线制供电系统中，电气设备的金属外壳应做接地保护,其接地电阻应不大于4Ω并不得在同一供电系统上有的接地,有的接零。

3.3.10 各种电气设备的检查维修,一般应停电作业;如必须带电作业时,应有可靠的安全措施并派专人监护。

3.3.17 能产生大量蒸汽、气体、粉尘等工作场所,应使用密闭式电气设备。有爆炸危险的工作场所应使用防爆型电气设备。

3.5.1 操作人员在工作中不得擅离岗位,不得操作与操作证不相符的机械,不得将机械设备交给无本机种操作证的人员操作。

4.3.1 石方爆破作业,以及爆破器材的管理、加工、运输、检验和销毁等工作均应按国家现行的《爆破安全规程》(GB 6722)执行。

6.1.1 高桥、大跨、深水、结构复杂的大型桥梁施工,应对施工安全做专项调查研究,并制定相应的安全技术措施。

6.1.4 桥涵施工,采用多层作业或桥下通车、行人等立体施工时,应布设安全网。

6.1.6 高处露天作业、缆索吊装及大型构件起重吊装时,应根据作业高度和现场风力大小、对作业的影响程度,制定适于施工的风力标准。遇有六级(含六级)以上大风时,上述施工应停止作业。

6.2.8 挖孔、沉管灌注桩基础

6.2.8.4 人工挖孔,除应经常检查孔内的气体情况外,并应遵守下列规定:

(1) 挖孔人员下孔作业前,应先用鼓风机将孔内空气排出更换;

(2) 二氧化碳含量超过0.3%时,应采取通风措施。对含量虽不超过规定,但作业人员有呼吸不适感觉时,亦应采取通风或换班作业等措施;

6.2.8.5 人工挖孔深度超过10m时,应采用机械通风。

7.7.1 隧道作业环境标准

7.7.1.1 粉尘允许浓度：每立方米空气中，含有 10% 以上游离二氧化硅的粉尘必须在 2mg 以下。

7.7.1.2 氧气不得低于 20%（按体积计，下同）。

7.7.1.3 瓦斯（沼气）或二氧化碳不得超过 0.5%。

7.7.1.4 一氧化碳浓度不得超过 30mg/m³。

7.7.1.5 氮氧化物（换算成二氧化氮）浓度应在 5mg/m³ 以下。

7.7.1.6 二氧化硫浓度不得超过 15mg/m³。

7.7.1.7 硫化氢浓度不得超过 10mg/m³。

7.7.1.8 氨的浓度不得超过 30mg/m³。

7.9.6 掘进工作面风流中的瓦斯浓度达到 1% 时，必须停止电钻打眼；达到 1.5% 时，必须停止工作，撤出人员，切断电源，进行处理。

放炮地点附近 20m 以内风流中瓦斯浓度达到 1% 时，严禁装药放炮。

电动机附近 20m 以内风流中的瓦斯浓度达到 1.5% 时，必须切断电源停止运行。

掘进工作面的局部瓦斯积聚浓度达到 2% 时，其附近 20m 内必须停止工作，切断电源。

8.9.2 悬空高处作业必须设有可靠的安全防护措施。

8.11.13 水下爆破作业，应遵守下列规定：

（1）潜水员应熟悉爆破器材的性能和引爆的安全操作技术；

（2）根据爆破波及范围，划定危险区，引爆前应派人警戒；

（3）雷管在使用前应做测试；在同一起爆点，不得使用不同型号的雷管；

（4）炸药包装好后，应由潜水员带下水，不得用绳索下放；炸药包布设完毕，潜水员出水，并躲避到安全地点后，方可引爆；

（5）引爆线路的开关应设专人严格管理，未经负责人许可严禁通电；

（6）发生"盲炮"时，应在切断电源 15min 后，再下潜取出。

第二章 公路桥梁

一、《公路桥涵设计通用规范》JTG D60—2004

1.0.6 公路桥涵结构的设计基准期为 100 年。

1.0.9 按持久状况承载能力极限状态设计时，公路桥涵结构的设计安全等级，应根据结构破坏可能产生的后果的严重程度划分为三个设计等级，并不低于表 1.0.9 的规定。

表 1.0.9 公路桥涵结构的设计安全等级

设计安全等级	桥涵结构
一级	特大桥、重要大桥
二级	大桥、中桥、重要小桥
三级	小桥、涵洞

注：本表所列特大、大、中桥等系按本规范表 1.0.11 中的单孔跨径确定，对多跨不等跨桥梁，以其中最大跨径为准；本表冠以"重要"的大桥和小桥，系指高速公路和一级公路上、国防公路上及城市附近交通繁忙公路上的桥梁。

4.1.2 公路桥涵设计时，对不同的作用应采用不同的代表值。

1 永久作用应采用标准值作为代表值。

2 可变作用应根据不同的极限状态分别采用标准值、频遇值或准永久值作为其代表值。承载能力极限状态设计及按弹性阶段计算结构强度时应采用标准值作为可变作用的代表值。正常使用极限状态按短期效应（频遇）组合设计时，应采用频遇值作为可变作用的代表值；按长期效应（准永久）组合设计时，应采用准永久值作为可变作用的代表值。

3 偶然作用取其标准值作为代表值。

4.1.6 公路桥涵结构按承载能力极限状态设计时,应采用以下两种作用效应组合:

1 基本组合。永久作用的设计值效应与可变作用设计值效应相组合,其效应组合表达式为:

$$\gamma_0 S_{ud} = \gamma_0 \left(\sum_{i=1}^{m} \gamma_{Gi} S_{Gik} + \gamma_{Q1} S_{Q1k} + \psi_c \sum_{j=2}^{m} \gamma_{Qj} S_{Qjk} \right)$$

(4.1.6-1)

或 $\quad \gamma_0 S_{ud} = \gamma_0 \left(\sum_{i=1}^{m} S_{Gid} + S_{Q1d} + \psi_c \sum_{j=2}^{n} S_{Qjd} \right)$ (4.1.6-2)

式中 S_{ud}——承载能力极限状态下作用基本组合的效应组合设计值;

γ_0——结构重要性系数,按本规范表 1.0.9 规定的结构设计安全等级采用,对应于设计安全等级一级、二级和三级分别取 1.1、1.0 和 0.9;

γ_{Gi}——第 i 个永久作用效应的分项系数,应按表 4.1.6 的规定采用;

S_{Gik}、S_{Gid}——第 i 个永久作用效应的标准值和设计值;

γ_{Q1}——汽车荷载效应(含汽车冲击力、离心力)的分项系数,取 $\gamma_{Q1} = 1.4$。当某个可变作用在效应组合中其值超过汽车荷载效应时,则该作用取代汽车荷载,其分项系数应采用汽车荷载的分项系数;对专为承受某作用而设置的结构或装置,设计时该作用的分项系数取与汽车荷载同值;计算人行道板和人行道栏杆的局部荷载,其分项系数也与汽车荷载取同值;

S_{Q1k}、S_{Q1d}——汽车荷载效应(含汽车冲击力、离心力)的标准值和设计值;

γ_{Qj}——在作用效应组合中除汽车荷载效应(含汽车冲击力、离心力)、风荷载外的其他第 j 个可变作用效应的分项系数，取 $\gamma_{Qj}=1.4$，但风荷载的分项系数取 $\gamma_{Qj}=1.1$；

S_{Qjk}、S_{Qjd}——在作用效应组合中除汽车荷载效应（含汽车冲击力、离心力）外的其他第 j 个可变作用效应的标准值和设计值；

ψ_c——在作用效应组合中除汽车荷载效应（含汽车冲击力、离心力）外的其他可变作用效应的组合系数，当永久作用与汽车荷载和人群荷载（或其他一种可变作用）组合时，人群荷载（或其他一种可变作用）的组合系数取 $\psi_c=0.80$；当除汽车荷载（含汽车冲击力、离心力）外尚有两种其他可变作用参与组合时，其组合系数取 $\psi_c=0.70$；尚有三种可变作用参与组合时，其组合系数取 $\psi_c=0.60$；尚有四种及多于四种的可变作用参与组合时，取 $\psi_c=0.50$。

设计弯桥时，当离心力与制动力同时参与组合时，制动力标准值或设计值按 70% 取用。

2 偶然组合。永久作用标准值效应与可变作用某种代表值效应、一种偶然作用标准值效应相组合。偶然作用的效应分项系数取 1.0；与偶然作用同时出现的可变作用，可根据观测资料和工程经验取用适当的代表值。地震作用标准值及其表达式按现行《公路工程抗震设计规范》规定采用。

表 4.1.6 永久作用效应的分项系数

编号	作用类别	永久作用效应分项系数	
		对结构的承载能力不利时	对结构的承载能力有利时
1	混凝土和圬工结构重力（包括结构附加重力）	1.2	1.0
	钢结构重力（包括结构附加重力）	1.1 或 1.2	

续表 4.1.6

编号	作用类别		永久作用效应分项系数	
			对结构的承载能力不利时	对结构的承载能力有利时
2	预加力		1.2	1.0
3	土的重力		1.2	1.0
4	混凝土的收缩及徐变作用		1.0	1.0
5	土侧压力		1.4	1.0
6	水的浮力		1.0	1.0
7	基础变位作用	混凝土和圬工结构	0.5	0.5
		钢结构	1.0	1.0

注：本表编号 1 中，当钢桥采用钢桥面板时，永久作用效应分项系数取 1.1；当采用混凝土桥面板时，取 1.2。

4.3.1 公路桥涵设计时，汽车荷载的计算图式、荷载等级及其标准值、加载方法和纵横向折减等应符合下列规定：

汽车荷载分为公路—Ⅰ级和公路—Ⅱ级两个等级。

汽车荷载由车道荷载和车辆荷载组成。车道荷载由均布荷载和集中荷载组成。

桥梁结构的整体计算采用车道荷载；桥梁结构的局部加载、涵洞、桥台和挡土墙土压力等的计算采用车辆荷载。车辆荷载与车道荷载的作用不得叠加。

3 各级公路桥涵设计的汽车荷载等级应符合表 4.3.1-1 的规定。

表 4.3.1-1　各级公路桥涵的汽车荷载等级

公路等级	高速公路	一级公路	二级公路	三级公路	四级公路
汽车荷载等级	公路—Ⅰ级	公路—Ⅰ级	公路—Ⅱ级	公路—Ⅱ级	公路—Ⅱ级

二级公路为干线公路且重型车辆多时，其桥涵的设计可采用公路—Ⅰ级汽车荷载。

四级公路上重型车辆少时,其桥涵设计所采用的公路—Ⅱ级车道荷载的效应可乘以 0.8 的折减系数,车辆荷载的效应可乘以 0.7 的折减系数。

4 车道荷载的计算图式见图 4.3.1-1。

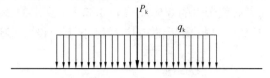

图 4.3.1-1 车道荷载

1) 公路—Ⅰ级车道荷载的均布荷载标准值为 $q_k = 10.5\text{kN/m}$;集中荷载标准值按以下规定选取:桥梁计算跨径小于或等于 5m 时,$P_k = 180\text{kN}$;桥梁计算跨径等于或大于 50m 时,$P_k = 360\text{kN}$;桥梁计算跨径在 5m~50m 之间时,P_k 值采用直线内插求得。计算剪力效应时,上述集中荷载标准值 P_k 应乘以 1.2 的系数。

2) 公路—Ⅱ级车道荷载的均布荷载标准值 q_k 和集中荷载标准值 P_k 按公路—Ⅰ级车道荷载的 0.75 倍采用。

3) 车道荷载的均布荷载标准值应满布于使结构产生最不利效应的同号影响线上;集中荷载标准值只作用于相应影响线中一个最大影响线峰值处。

5 车辆荷载的立面、平面尺寸见图 4.3.1-2,主要技术指标规定于表 4.3.1-2。公路—Ⅰ级和公路—Ⅱ级汽车荷载采用相同的车辆荷载标准值。

表 4.3.1-2 车辆荷载的主要技术指标

项 目	单位	技术指标	项 目	单位	技术指标
车辆重力标准值	kN	550	轮距	m	1.8
前轴重力标准值	kN	30	前轮着地宽度及长度	m	0.3×0.2
中轴重力标准值	kN	2×120	中、后轮着地宽度及长度	m	0.6×0.2
后轴重力标准值	kN	2×140	车辆外形尺寸(长×宽)	m	15×2.5
轴 距	m	3+1.4+7+1.4			

6 车道荷载横向分布系数应按设计车道数如图 4.3.1-3 布置车辆荷载进行计算。

7 桥涵设计车道数应符合表 4.3.1-3 的规定。多车道桥梁上的汽车荷载应考虑多车道折减。当桥涵设计车道数等于或大于 2 时，由汽车荷载产生的效应应按表 4.3.1-4 规定的多车道折减系数进行折减。但折减后的效应不得小于两设计车道的荷载效应。

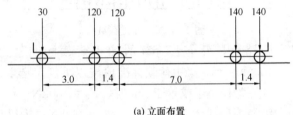

(a) 立面布置

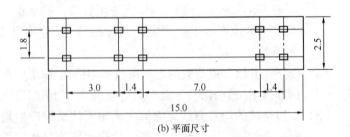

(b) 平面尺寸

图 4.3.1-2 车辆荷载的立面、平面尺寸

表 4.3.1-3 桥涵设计车道数

桥面宽度 W (m)		桥涵设计车道数
车辆单向行驶时	车辆双向行驶时	
$W<7.0$		1
$7.0 \leqslant W<10.5$	$6.0 \leqslant W<14.0$	2
$10.5 \leqslant W<14.0$		3
$14.0 \leqslant W<17.5$	$14.0 \leqslant W<21.0$	4
$17.5 \leqslant W<21.0$		5
$21.0 \leqslant W<24.5$	$21.0 \leqslant W<28.0$	6
$24.5 \leqslant W<28.0$		7
$28.0 \leqslant W<31.5$	$28.0 \leqslant W<35.0$	8

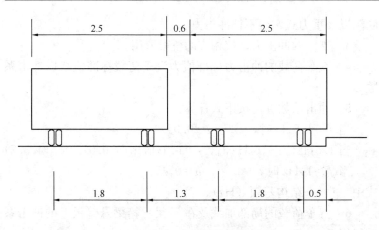

图 4.3.1-3 车辆荷载横向布置

表 4.3.1-4 横向折减系数

横向布置设计车道数（条）	2	3	4	5	6	7	8
横向折减系数	1.00	0.78	0.67	0.60	0.55	0.52	0.50

8 大跨径桥梁上的汽车荷载应考虑纵向折减。

当桥梁计算跨径大于 150m 时，应按表 4.3.1-5 规定的纵向折减系数进行折减。当为多跨连续结构时，整个结构应按最大的计算跨径考虑汽车荷载效应的纵向折减。

表 4.3.1-5 纵向折减系数

计算跨径 L_0（m）	纵向折减系数	计算跨径 L_0（m）	纵向折减系数
$150<L_0<400$	0.97	$800 \leqslant L_0<1000$	0.94
$400 \leqslant L_0<600$	0.96	$L_0 \geqslant 1000$	0.93
$600 \leqslant L_0<800$	0.95		

4.3.2 汽车荷载冲击力应按下列规定计算：

1 钢桥、钢筋混凝土及预应力混凝土桥、圬工拱桥等上部构造和钢支座、板式橡胶支座、盆式橡胶支座及钢筋混凝土柱式墩台，应计算汽车的冲击作用。

2 填料厚度（包括路面厚度）等于或大于 0.5m 的拱桥、

涵洞以及重力式墩台不计冲击力。

3 支座的冲击力，按相应的桥梁取用。

4 汽车荷载的冲击力标准值为汽车荷载标准值乘以冲击系数μ。

5 冲击系数μ可按下式计算：

当$f<1.5\text{Hz}$时，$\quad\mu=0.05$

当$1.5\text{Hz}\leqslant f\leqslant14\text{Hz}$时，$\mu=0.1767\ln f-0.0157$ （4.3.2）

当$f>14\text{Hz}$时，$\quad\mu=0.45$

式中 f——结构基频（Hz）。

6 汽车荷载的局部加载及在T梁、箱梁悬臂板上的冲击系数采用1.3。

4.3.5 人群荷载标准值按下列规定采用：

1 当桥梁计算跨径小于或等于50m时，人群荷载标准值为3.0kN/m^2；当桥梁计算跨径等于或大于150m时，人群荷载标准值为2.5kN/m^2；当桥梁计算跨径在50m～150m之间时，可由线性内插得到人群荷载标准值。对跨径不等的连续结构，以最大计算跨径为准。

城镇郊区行人密集地区的公路桥梁，人群荷载标准值取上述规定值的1.15倍。

专用人行桥梁，人群荷载标准值为3.5kN/m^2。

2 人群荷载在横向应布置在人行道的净宽度内，在纵向施加于使结构产生最不利荷载效应的区段内。

3 人行道板（局部构件）可以一块板为单元，按标准值4.0kN/m^2的均布荷载计算。

4 计算人行道栏杆时，作用在栏杆立柱顶上的水平推力标准值取0.75kN/m；作用在栏杆扶手上的竖向力标准值取1.0kN/m。

二、《公路圬工桥涵设计规范》JTG D61—2005

3.2.1 公路圬工桥涵结构物所使用的材料的最低强度等级应符

合表 3.2.1 的规定。

表 3.2.1 圬工材料的最低强度等级

结构物种类	材料最低强度等级	砌筑砂浆最低强度等级
拱圈	MU50 石材 C25 混凝土（现浇） C30 混凝土（预制块）	M10（大、中桥） M7.5（小桥涵）
大、中桥墩台及基础， 轻型桥台	MU40 石材 C25 混凝土（现浇） C30 混凝土（预制块）	M7.5
小桥涵墩台、基础	MU30 石材 C20 混凝土（现浇） C25 混凝土（预制块）	M5

3.3.1 石材强度设计值应按表 3.3.1 的规定采用。

表 3.3.1 石材强度设计值（MPa）

强度等级 强度类别	MU120	MU100	MU80	MU60	MU50	MU40	MU30
轴心抗压 f_{cd}	31.78	26.49	21.19	15.89	13.24	10.59	7.95
弯曲抗拉 f_{tmd}	2.18	1.82	1.45	1.09	0.91	0.73	0.55

3.3.2 混凝土强度设计值应按表 3.3.2 规定采用。

表 3.3.2 混凝土强度设计值（MPa）

强度等级 强度类别	C40	C35	C30	C25	C20	C15
轴心抗压 f_{cd}	15.64	13.69	11.73	9.78	7.82	5.87
弯曲抗拉 f_{tmd}	1.24	1.14	1.04	0.92	0.80	0.66
直接抗剪 f_{vd}	2.48	2.28	2.09	1.85	1.59	1.32

3.3.3 砂浆砌体抗压强度设计值规定如下：

1 混凝土预制块砂浆砌体轴心抗压强度设计值 f_{cd} 应按表

3.3.3-1的规定采用。

表3.3.3-1　混凝土预制块砂浆砌体轴心抗压强度设计值 f_{cd}（MPa）

砌块强度等级	砂浆强度等级					砂浆强度
	M20	M15	M10	M7.5	M5	0
C40	8.25	7.04	5.84	5.24	4.64	2.06
C35	7.71	6.59	5.47	4.90	4.34	1.93
C30	7.14	6.10	5.06	4.54	4.02	1.79
C25	6.52	5.57	4.62	4.14	3.67	1.63
C20	5.83	4.98	4.13	3.70	3.28	1.46
C15	5.05	4.31	3.58	3.21	2.84	1.26

2 块石砂浆砌体轴心抗压强度设计值 f_{cd} 应按表3.3.3-2的规定采用。

表3.3.3-2　块石砂浆砌体的轴心抗压强度设计值 f_{cd}（MPa）

砌块强度等级	砂浆强度等级					砂浆强度
	M20	M15	M10	M7.5	M5	0
MU120	8.42	7.19	5.96	5.35	4.73	2.10
MU100	7.68	6.56	5.44	4.88	4.32	1.92
MU80	6.87	5.87	4.87	4.37	3.86	1.72
MU60	5.95	5.08	4.22	3.78	3.35	1.49
MU50	5.43	4.64	3.85	3.45	3.05	1.36
MU40	4.86	4.15	3.44	3.09	2.73	1.21
MU30	4.21	3.59	2.98	2.67	2.37	1.05

注：对各类石砌体，应按表中数值分别乘以下列系数：细料石砌体为1.5；半细料石砌体为1.3；粗料石砌体为1.2；干砌块石砌体可采用砂浆强度为零时的抗压强度设计值。

3 片石砂浆砌体轴心抗压强度设计值 f_{cd} 应按表3.3.3-3的规定采用。

表 3.3.3-3 片石砂浆砌体的轴心抗压强度设计值 f_{cd}（MPa）

砌块强度等级	砂浆强度等级					砂浆强度
	M20	M15	M10	M7.5	M5	0
MU120	1.97	1.68	1.39	1.25	1.11	0.33
MU100	1.80	1.54	1.27	1.14	1.01	0.30
MU80	1.61	1.37	1.14	1.02	0.90	0.27
MU60	1.39	1.19	0.99	0.88	0.78	0.23
MU50	1.27	1.09	0.90	0.81	0.71	0.21
MU40	1.14	0.97	0.81	0.72	0.64	0.19
MU30	0.98	0.84	0.70	0.63	0.55	0.16

注：干砌片石砌体可采用砂浆强度为零时的轴心抗压强度设计值。

4 各类砂浆砌体的轴心抗拉强度设计值 f_{td}、弯曲抗拉强度设计值 f_{tmd} 和直接抗剪强度设计值 f_{vd} 应按表 3.3.3-4 的规定采用。

表 3.3.3-4 砂浆砌体轴心抗拉、弯曲抗拉和直接抗剪强度设计值（MPa）

强度类别	破坏特征	砌体种类	砂浆强度等级				
			M20	M15	M10	M7.5	M5
轴心抗拉 f_{td}	齿缝	规则砌块砌体	0.104	0.090	0.073	0.063	0.052
		片石砌体	0.096	0.083	0.068	0.059	0.048
弯曲抗拉 f_{tmd}	齿缝	规则砌块砌体	0.122	0.105	0.086	0.074	0.061
		片石砌体	0.145	0.125	0.102	0.089	0.072
	通缝	规则砌块砌体	0.084	0.073	0.059	0.051	0.042
直接抗剪 f_{vd}	—	规则砌块砌体	0.104	0.090	0.073	0.063	0.052
		片石砌体	0.241	0.208	0.170	0.147	0.120

注：1 砌体龄期为 28d。
2 规则砌块砌体包括：块石砌体、粗料石砌体、半细料石砌体、细料石砌体、混凝土预制块砌体。
3 规则砌块砌体在齿缝方向受剪时，系通过砌块和灰缝剪破。

5 施工阶段砂浆尚未硬化的新砌砌体的强度，可按砂浆强度为零进行验算。

3.3.4 小石子混凝土砌块石、片石砌体强度设计值应分别按表 3.3.4-1 和表 3.3.4-2 及表 3.3.4-3 的规定采用。

表 3.3.4-1 小石子混凝土砌块石砌体轴心抗压强度 f_{cd} 设计值（MPa）

石材强度等级	小石子混凝土强度等级					
	C40	C35	C30	C25	C20	C15
MU120	13.86	12.69	11.49	10.25	8.95	7.59
MU100	12.65	11.59	10.49	9.35	8.17	6.93
MU80	11.32	10.36	9.38	8.37	7.31	6.19
MU60	9.80	9.98	8.12	7.24	6.33	5.36
MU50	8.95	8.19	7.42	6.61	5.78	4.90
MU40	—	—	6.63	5.92	5.17	4.38
MU30	—	—	—	—	4.48	3.79

注：砌块为粗料石时，轴心抗压强度为表值乘 1.2；砌块为细料石时、半细料石时，轴心抗压强度为表值乘 1.4。

表 3.3.4-2 小石子混凝土砌片石砌体轴心抗压强度设计值 f_{cd}（MPa）

石材强度等级	小石子混凝土强度等级			
	C30	C25	C20	C15
MU120	6.94	6.51	5.99	5.36
MU100	5.30	5.00	4.63	4.17
MU80	3.94	3.74	3.49	3.17
MU60	3.23	3.09	2.91	2.67
MU50	2.88	2.77	2.62	2.43
MU40	2.50	2.42	2.31	2.16
MU30	—	—	1.95	1.85

表 3.3.4-3 小石子混凝土砌块石、片石砌体的轴心抗拉、弯曲抗拉和直接抗剪强度设计值（MPa）

强度类别	破坏特征	砌体种类	小石子混凝土强度等级					
			C40	C35	C30	C25	C20	C15
轴心抗拉 f_{td}	齿缝	块石砌体	0.285	0.267	0.247	0.226	0.202	0.175
		片石砌体	0.425	0.398	0.368	0.336	0.301	0.260

续表 3.3.4-3

强度类别	破坏特征	砌体种类	小石子混凝土强度等级					
			C40	C35	C30	C25	C20	C15
弯曲抗拉 f_{tmd}	齿缝	块石砌体	0.335	0.313	0.290	0.265	0.237	0.205
		片石砌体	0.493	0.461	0.427	0.387	0.349	0.300
	通缝	块石砌体	0.232	0.217	0.201	0.183	0.164	0.142
直接抗剪 f_{vd}	—	块石砌体	0.285	0.267	0.247	0.226	0.202	0.175
		片石砌体	0.425	0.398	0.368	0.336	0.301	0.260

注：对其他规则砌块砌体强度值为表内块石砌体强度值乘以下列系数：粗料石砌体 0.7；细料石、半细料石砌体 0.35。

4.0.3 圬工桥涵结构的承载能力极限状态，应按表 4.0.3 规定的设计安全等级进行设计。

表 4.0.3 公路圬工桥涵结构设计安全等级

设计安全等级	桥涵结构
一级	特大桥、重要大桥
二级	大桥、中桥、重要小桥
三级	小桥、涵洞

注：本表所列特大、大、中桥等系指《公路桥涵设计通用规范》(JTG D60—2004) 规定的桥涵、涵洞，按其单孔跨径分类确定，对多孔不等跨桥梁，以其中最大跨径为准。本表冠以"重要"的大桥和小桥，系指高速公路和一级公路上、国防公路上及城市附近交通繁忙公路上的桥梁。

4.0.4 公路圬工桥涵结构按承载能力极限状态设计时，应采用下列表达式：

$$\gamma_0 S \leqslant R(f_d, a_d) \quad (4.0.4)$$

式中 γ_0——结构重要性系数，对应于表 4.0.3 规定的一级、二级、三级设计安全等级分别取用 1.1、1.0、0.9；

S——作用效应组合设计值，按《公路桥涵设计通用规范》(JTG D60—2004) 的规定计算；

$R(\cdot)$——构件承载力设计值函数；

f_d——材料强度设计值；

a_d——几何参数设计值，可采用几何参数标准值 a_k，即设计文件规定值。

5.3.4 预制构件的吊环应采用 R235 钢筋制作，严禁使用冷加工钢筋。每个吊环按两肢截面计算，在构件自重标准值作用下，吊环应力不应大于 50MPa。当一个构件设有四个吊环时，设计仅考虑三个吊环同时发挥作用。吊环埋入混凝土的深度不应小于 35 倍吊环钢筋直径，端部应做成 180°弯钩，且与构件内钢筋焊接或绑扎。吊环内直径不应小于 3 倍钢筋直径，且不应小于 60mm。

三、《公路桥涵地基与基础设计规范》JTG D63—2007

4.1.1 （桥涵墩台基础（不包括桩基础）基底埋置深度应符合下列规定：）

  2 上部为外超静定结构的桥涵基础，其地基为冻胀土层时，应将基底埋入冻结线以下不小于 0.25m。

  5 涵洞基础，在无冲刷处（岩石地基除外），应设在地面或河床底以下埋深不小于 1m 处；如有冲刷，基底埋深应在局部冲刷线以下不小于 1m；如河床上有铺砌层时，基础底面宜设置在铺砌层顶面以下不小于 1m。

  6 非岩石河床桥梁墩台基底埋深安全值可按表 4.1.1-6 确定。

表 4.1.1-6 基底埋深安全值（m）

桥梁类别 \ 总冲刷深度（m）	0	5	10	15	20
大桥、中桥、小桥（不铺砌）	1.5	2.0	2.5	3.0	3.5
特大桥	2.0	2.5	3.0	3.5	4.0

注：1 总冲刷深度为自河床面算起的河床自然演变冲刷、一般冲刷与局部冲刷深度之和。
  2 表列数值为墩台基底埋入总冲刷深度以下的最小值；若对设计流量、水位和原始断面资料无把握或不能获得河床演变准确资料时，其值宜适当加大。
  3 若桥位上下游有已建桥梁，应调查已建桥梁的特大洪水冲刷情况，新建桥梁墩台基础埋置深度不宜小于已建桥梁的冲刷深度且酌加必要的安全值。
  4 如河床上有铺砌层时，基础底面宜设置在铺砌层顶面以下不小于 1m。

4.4.3 验算墩台抗倾覆和抗滑动的稳定性时，稳定性系数不应小于表4.4.3的规定。

表4.4.3 抗倾覆和抗滑动的稳定性系数

作用组合		验算项目	稳定性系数
使用阶段	永久作用（不计混凝土收缩及徐变、浮力）和汽车、人群的标准值效应组合	抗倾覆 抗滑动	1.5 1.3
	各种作用（不包括地震作用）的标准值效应组合	抗倾覆 抗滑动	1.3 1.2
施工阶段作用的标准值效应组合		抗倾覆 抗滑动	1.2

5.2.2 （混凝土桩。）

1 桩身混凝土强度等级：钻（挖）孔桩、沉桩不应低于C25；管桩填芯混凝土不应低于C15。

7.1.2 地下连续墙支护结构的设计安全等级及结构重要性系数应根据支护结构破坏、土体失稳或过大变形对基坑周边环境及地下结构施工造成影响的严重性按表7.1.2选用。

地下连续墙基础的设计安全等级及结构重要性系数应与桥梁整体结构一致。

表7.1.2 支护结构安全等级及重要性系数

安全等级	破坏后果	γ_0
一级	很严重	1.1
二级	严重	1.0
三级	不严重	0.9

7.2.1 基坑支护结构应保证岩土开挖、地下结构施工的安全。

7.2.4 支护结构的支撑必须采用稳定的结构体系和连接构造，刚度应满足变形要求。

四、《公路钢筋混凝土及预应力混凝土桥涵设计规范》JTG D62—2004

3.1.3 混凝土轴心抗压强度标准值 f_{ck} 和轴心抗拉强度标准值 f_{tk} 应按表 3.1.3 采用。

表 3.1.3 混凝土强度标准值（MPa）

强度等级 强度种类	C15	C20	C25	C30	C35	C40	C45	C50	C55	C60	C65	C70	C75	C80
f_{ck}	10.0	13.4	16.7	20.1	23.4	26.8	29.6	32.4	35.5	38.5	41.5	44.5	47.4	50.2
f_{tk}	1.27	1.54	1.78	2.01	2.20	2.40	2.51	2.65	2.74	2.85	2.93	3.00	3.05	3.10

3.1.4 混凝土轴心抗压强度设计值 f_{cd} 和轴心抗拉强度设计值 f_{td} 应按表 3.1.4 采用。

表 3.1.4 混凝土强度设计值（MPa）

强度等级 强度种类	C15	C20	C25	C30	C35	C40	C45	C50	C55	C60	C65	C70	C75	C80
f_{cd}	6.9	9.2	11.5	13.8	16.1	18.4	20.5	22.4	24.4	26.5	28.5	30.5	32.4	34.6
f_{td}	0.88	1.06	1.23	1.39	1.52	1.65	1.74	1.83	1.89	1.96	2.02	2.07	2.10	2.14

注：计算现浇钢筋混凝土轴心受压和偏心受压构件时，如截面的长边或直径小于 300mm，表中数值应乘以系数 0.8；当构件质量（混凝土成型、截面和轴线尺寸等）确有保证时，可不受此限。

3.2.2 钢筋的抗拉强度标准值应具有不小于 95% 的保证率。

普通钢筋的抗拉强度标准值 f_{sk} 和预应力钢筋的抗拉强度标准值 f_{pk}，应分别按表 3.2.2-1 和表 3.2.2-2 采用。

表 3.2.2-1 普通钢筋抗拉强度标准值（MPa）

钢筋种类	符 号	f_{sk}
R235　$d=8\sim20$	Φ	235
HRB335　$d=6\sim50$	Φ	335

续表 3.2.2-1

钢筋种类	符号	f_{sk}
HRB400 $d=6\sim50$	⊈	400
KL400 $d=8\sim40$	⊈R	400

注：表中 d 系指国家标准中的钢筋公称直径，单位 mm。

表 3.2.2-2 预应力钢筋抗拉强度标准值（MPa）

钢筋种类			符号	f_{pk}
钢绞线	1×2（二股）	$d=8.0$、10.0 $d=12.0$	ϕ^S	1470、1570、1720、1860 1470、1570、1720
	1×3（三股）	$d=8.6$、10.8 $d=12.9$		1470、1570、1720、1860 1470、1570、1720
	1×7（七股）	$d=9.5$、11.1、12.7 $d=15.2$		1860 1720、1860
消除应力钢丝	光面螺旋肋	$d=4$、5 $d=6$ $d=7$、8、9	ϕ^P ϕ^H	1470、1570、1670、1770 1570、1670 1470、1570
	刻痕	$d=5$、7	ϕ^L	1470、1570
精轧螺纹钢筋		$d=40$ $d=18$、25、32	JL	540 540、785、930

注：表中 d 系指国家标准中钢绞线、钢丝和精轧螺纹钢筋的公称直径，单位 mm。

3.2.3 普通钢筋的抗拉强度设计值 f_{sd} 和抗压强度设计值 f'_{sd} 应按表 3.2.3-1 采用；预应力钢筋的抗拉强度设计值 f_{pd} 和抗压强度设计值 f'_{pd} 应按表 3.2.3-2 采用。

表 3.2.3-1 普通钢筋抗拉、抗压强度设计值（MPa）

钢筋种类	f_{sd}	f'_{sd}
R235 $d=8\sim20$	195	195
HRB335 $d=6\sim50$	280	280
HRB400 $d=6\sim50$	330	330
KL400 $d=8\sim40$	330	330

注：1 钢筋混凝土轴心受拉和小偏心受拉构件的钢筋抗拉强度设计值大于 330MPa 时，仍应按 330MPa 取用；

2 构件中配有不同种类的钢筋时，每种钢筋应采用各自的强度设计值。

表 3.2.3-2　预应力钢筋抗拉、抗压强度设计值（MPa）

钢筋种类		f_{pd}	f'_{pd}
钢绞线 1×2（二股） 1×3（三股） 1×7（七股）	$f_{pk}=1470$	1000	390
	$f_{pk}=1570$	1070	
	$f_{pk}=1720$	1170	
	$f_{pk}=1860$	1260	
消除应力光面钢丝 和螺旋肋钢丝	$f_{pk}=1470$	1000	410
	$f_{pk}=1570$	1070	
	$f_{pk}=1670$	1140	
	$f_{pk}=1770$	1200	
消除应力刻痕钢丝	$f_{pk}=1470$	1000	410
	$f_{pk}=1570$	1070	
精轧螺纹钢筋	$f_{pk}=540$	450	400
	$f_{pk}=785$	650	
	$f_{pk}=930$	770	

5.1.5 桥梁构件的承载能力极限状态计算，应采用下列表达式：

$$\gamma_0 S \leqslant R \quad (5.1.5\text{-}1)$$

$$R = R(f_d, a_d) \quad (5.1.5\text{-}2)$$

式中　γ_0——桥梁结构的重要性系数，按公路桥涵的设计安全等级，一级、二级、三级分别取用 1.1、1.0、0.9；桥梁的抗震设计不考虑结构的重要性系数；

　　　S——作用（或荷载）效应（其中汽车荷载应计入冲击系数）的组合设计值，当进行预应力混凝土连续梁等超静定结构的承载能力极限状态计算时，公式（5.1.5-1）中的作用（或荷载）效应项应改为 $\gamma_0 S + \gamma_p S_p$，其中 S_p 为预应力（扣除全部预应力损失）引起的次效应；γ_p 为预应力分项系数，当预应力效应对结构有利时，取 $\gamma_p = 1.0$；对结构不利时，取 $\gamma_p = 1.2$；

R ——构件承载力设计值；

$R(\cdot)$ ——构件承载力函数；

f_d ——材料强度设计值；

a_d ——几何参数设计值，当无可靠数据时，可采用几何参数标准值 a_k，即设计文件规定值。

6.3.1 预应力混凝土受弯构件应按下列规定进行正截面和斜截面抗裂验算：

1 正截面抗裂应对构件正截面混凝土的拉应力进行验算，并应符合下列要求：

1）全预应力混凝土构件，在作用（或荷载）短期效应组合下

预制构件 $\quad\quad\quad \sigma_{st} - 0.85\sigma_{pc} \leqslant 0$ (6.3.1-1)

分段浇筑或砂浆接缝的纵向分块构件

$$\sigma_{st} - 0.80\sigma_{pc} \leqslant 0 \quad (6.3.1-2)$$

2）A类预应力混凝土构件，在作用（或荷载）短期效应组合下

$$\sigma_{st} - \sigma_{pc} \leqslant 0.7 f_{tk} \quad (6.3.1-3)$$

但在荷载长期效应组合下

$$\sigma_{lt} - \sigma_{pc} \leqslant 0 \quad (6.3.1-4)$$

2 斜截面抗裂应对构件斜截面混凝土的主拉应力 σ_{tp} 进行验算，并应符合下列要求：

1）全预应力混凝土构件，在作用（或荷载）短期效应组合下

预制构件 $\quad\quad\quad \sigma_{tp} \leqslant 0.6 f_{tk}$ (6.3.1-5)

现场浇筑（包括预制拼装）构件 $\quad \sigma_{tp} \leqslant 0.4 f_{tk}$ (6.3.1-6)

2）A类和B类预应力混凝土构件，在作用（或荷载）短期效应组合下·

预制构件 $\quad\quad\quad \sigma_{tp} \leqslant 0.7 f_{tk}$ (6.3.1-7)

现场浇筑（包括预制拼装）构件 $\quad \sigma_{tp} \leqslant 0.5 f_{tk}$ (6.3.1-8)

式中 σ_{st} ——在作用（或荷载）短期效应组合下构件抗裂验算

边缘混凝土的法向拉应力,按本规范公式(6.3.2-1)计算;

σ_{lt}——在荷载长期效应组合下构件抗裂验算边缘混凝土的法向拉应力,按本规范公式(6.3.2-2)计算;

σ_{pc}——扣除全部预应力损失后的预加力在构件抗裂验算边缘产生的混凝土预压应力,按本规范第6.1.5条规定计算;

σ_{tp}——由作用(或荷载)短期效应组合和预加力产生的混凝土主拉应力,按本规范第6.3.3条规定计算;

f_{tk}——混凝土的抗拉强度标准值,按本规范表3.1.3采用。

注:(1)本条规定的荷载长期效应组合系指结构自重和直接施加于桥上的活荷载产生的效应组合,不考虑间接施加于桥上的其他作用效应;

(2)B类预应力混凝土受弯构件在结构自重作用下控制截面受拉边缘不得消压。

9.1.1 普通钢筋和预应力直线形钢筋的最小混凝土保护层厚度(钢筋外缘或管道外缘至混凝土表面的距离)不应小于钢筋公称直径,后张法构件预应力直线形钢筋不应小于其管道直径的1/2,且应符合表9.1.1的规定。

表9.1.1 普通钢筋和预应力直线形钢筋最小混凝土保护层厚度(mm)

序号	构件类别	环境条件		
		Ⅰ	Ⅱ	Ⅲ、Ⅳ
1	基础、桩基承台(1)基坑底面有垫层或侧面有模板(受力主筋) (2)基坑底面无垫层或侧面无模板(受力主筋)	40 60	50 75	60 85
2	墩台身、挡土结构、涵洞、梁、板、拱圈、拱上建筑(受力主筋)	30	40	45

续表 9.1.1

序号	构件类别	环境条件		
		Ⅰ	Ⅱ	Ⅲ、Ⅳ
3	人行道构件、栏杆（受力主筋）	20	25	30
4	箍筋	20	25	30
5	缘石、中央分隔带、护栏等行车道构件	30	40	45
6	收缩、温度、分布、防裂等表层钢筋	15	20	25

注：对于环氧树脂涂层钢筋，可按环境类别Ⅰ取用。

9.1.12 钢筋混凝土构件中纵向受力钢筋的最小配筋百分率应符合下列要求：

1 轴心受压构件、偏心受压构件全部纵向钢筋的配筋百分率不应小于 0.5，当混凝土强度等级 C50 及以上时不应小于 0.6；同时，一侧钢筋的配筋百分率不应小于 0.2。当大偏心受拉构件的受压区配置按计算需要的受压钢筋时，其配筋百分率不应小于 0.2。

2 受弯构件、偏心受拉构件及轴心受拉构件的一侧受拉钢筋的配筋百分率不应小于 $45f_{td}/f_{sd}$，同时不应小于 0.20。

轴心受压构件、偏心受压构件全部纵向钢筋的配筋百分率和一侧纵向钢筋（包括大偏心受拉构件受压钢筋）的配筋百分率应按构件的毛截面面积计算。轴心受拉构件及小偏心受拉构件一侧受拉钢筋的配筋百分率应按构件毛截面面积计算。受弯构件、大偏心受拉构件的一侧受拉钢筋的配筋百分率为 $100A_s/bh_0$，其中 A_s 为受拉钢筋截面面积，b 为腹板宽度（箱形截面梁为各腹板宽度之和），h_0 为有效高度。当钢筋沿构件截面周边布置时，"一侧的受压钢筋"或"一侧的受拉钢筋"系指受力方向两个对边中的一边布置的纵向钢筋。

预应力混凝土受弯构件最小配筋率应满足下列条件：

$$\frac{M_{ud}}{M_{cr}} \geqslant 1.0 \qquad (9.1.12)$$

式中 M_{ud}——受弯构件正截面抗弯承载力设计值，按本规范第5.2.2条、第5.2.3条和第5.2.5条有关公式的等号右边式子计算；

M_{cr}——受弯构件正截面开裂弯矩值，按本规范公式(6.5.2-6)计算。

部分预应力混凝土受弯构件中普通受拉钢筋的截面面积，不应小于 $0.003bh_0$。

9.4.1 预应力混凝土梁当设置竖向预应力钢筋时，其纵向间距宜为500～1000mm。

预应力混凝土T形、I形截面梁和箱形截面梁腹板内应分别设置直径不小于10mm和12mm的箍筋，且应采用带肋钢筋，间距不应大于250mm；自支座中心起长度不小于一倍梁高范围内，应采用闭合式箍筋，间距不应大于100mm。

在T形、I形截面梁下部的马蹄内，应另设直径不小于8mm的闭合式箍筋，间距不应大于200mm。此外，马蹄内尚应设直径不小于12mm的定位钢筋。

9.8.2 预制构件的吊环必须采用R235钢筋制作，严禁使用冷加工钢筋。每个吊环按两肢截面计算，在构件自重标准值作用下，吊环的拉应力不应大于50MPa。当一个构件设有四个吊环时，设计时仅考虑三个吊环同时发挥作用。吊环埋入混凝土的深度不应小于35倍吊环直径，端部应做成180°弯钩，且应与构件内钢筋焊接或绑扎。吊环内直径不应小于三倍钢筋直径，且不应小于60mm。

五、《公路桥涵钢结构及木结构设计规范》JTJ 025—86

1.2.5 钢材的容许应力规定如表1.2.5。

表 1.2.5　钢材的容许应力（MPa）

应力种类	钢号						
	A3	16Mn	ZG25Ⅱ	ZG35Ⅱ	ZG45Ⅱ	45号钢	35号锻钢
轴向应力（σ）	140	200	130	150	170	210	—
弯曲应力（σ_w）	145	210	135	155	180	220	220
剪应力（τ）	85	120	80	90	100	125	110
端部承压应力（磨光顶紧）	210	300					
紧密接触的承压应力（接触圆弧中心角为 $2\times45°$）	70	100	65	75	85	105	105
自由接触的承压应力	5.5	8.0	5.0	6.0	7.0	8.5	8.5
节点销子的孔壁承压应力	210	300	195	225	255		180
节点销子的弯应力	240	340	—	—	—	360	—

注：1　表列16Mn钢的容许应力与屈服点340MPa对应；如按国标GB 1591—79的规定，由于厚度影响，屈服点有变动时，各类容许应力可按屈服点的比例予以调整。

2　验算紧密接触和自由接触的承压应力时，其面积取枢轴或辊轴的直径及其长度的乘积。其容许承压应力取两接触钢材中强度较低者。

3　节点销子的孔壁容许承压应力系指被连接件钢材的孔壁承压应力；节点销子的容许弯应力仅适用于被连接构件之间只有极小缝隙的情况。

1.2.10　容许应力的提高系数

验算结构在各种荷载作用下的强度和稳定性时，基本钢材和各种连接件的容许应力应乘以表1.2.10的提高系数 k。

1.2.12　桥跨结构在施工架设时期应保证横向和纵向的倾覆稳定

表1.2.10 容许应力的提高系数

构造物性质	荷载组合	k
永久性结构	组合Ⅰ 组合Ⅱ、Ⅲ、Ⅳ 组合Ⅴ	1.0 1.25 1.30~1.40
临时性结构	组合Ⅰ 组合Ⅱ、Ⅲ、Ⅳ、Ⅴ	1.30 1.40

注：节点销子的容许弯应力在任何荷载作用下，均不得提高。

性。稳定系数应不小于1.3。

1.2.17 凡承受动应力的结构构件或连接件，应进行疲劳验算。

以压为主兼受拉力的构件，在验算疲劳强度的同时，还应验算构件的总稳定性。

1.2.19 杆件容许最大长细比规定如表1.2.19。

表1.2.19 杆件容许最大长细比

杆 件		长细比
主桁杆件	受压弦杆 受压或受压—拉腹杆	100
	仅受拉力的弦杆 仅受拉力的腹杆	130 180
联结系杆件	纵向联结系、支点处横向联结系和制动联结系的受压或受压—拉杆	130
	中间横向联结系的受压或受压—拉杆件	150
	各种联结系的受拉件	200

1.3.16 螺栓连接的布置，应与构件的轴线对称，避免偏心。螺栓的距离应符合表1.3.16的规定。

表1.3.16 螺栓的容许距离

名称	位置和方向		杆力种类	容许距离	
				最大的	最小的
中心间距	沿对角线方向			—	$3.5d_0$
	靠边行列	在板上或角钢上	拉力或压力	$7d_0$ 或 $16t$ 中的较小者	$3d_0$
	中间行列	垂直内力方向		$24t$	
		顺内力方向	拉力	$24t$	
			压力	$16t$	
中心至杆件边缘距离	机切或焰割	顺内力方向或沿对角线方向	拉力或压力	$8t$ 或 $120mm$ 中的较小者	$2d_0$
	滚压边或刨边				$1.5d_0$
	机切或焰割	垂直内力方向			$1.5d_0$
	滚压边或刨边				$1.3d_0$

注：1 表中符号 d_0 为螺栓的孔径，t 为栓合部分外层较薄钢板或型钢厚度。
    2 表中所列"靠边行列"系指沿板边一行的螺栓线；对于角钢，距角钢背最近一行的螺栓线也作为"靠边行列"。
    3 有角钢镶边的翼肢上交叉排列的螺栓，其靠边行列最大中心间距可取 $1.4d_0$ 或 $32t$ 中较小者。
    4 由两个角钢或两个槽钢中间夹以垫板（或垫圈）并用螺栓连接组成的构件，顺内力方向的螺栓之间的最大中距，对于受压或受压—拉构件规定为 $40r$，但不应大于 $160mm$；对于受拉构件规定为 $80r$，但不应大于 $240mm$。其中 r 为一个角钢或槽钢绕平行于垫板或垫圈所在平面轴线的回转半径。

1.3.22 在销接接头中，带销孔的受拉杆件其销孔各部尺寸应符合下列规定：

一、垂直受力方向销孔直径处的净截面积应比杆件计算所需的面积大 40%；

二、由销孔边至杆端的截面积应不小于杆件的计算截面积。

注：腹杆端部如用钢板加强时，在销孔中线每边连接钢板的焊缝长度，应与此项钢板的净截面作等强度计算。

1.5.2 不得将各种辅助构件（如拉杆、人行道托梁及管道托架等）直接焊在主桁弦杆上或主梁翼缘上。不得在板梁的受拉翼缘上布置横向角焊缝。

第三章 公路隧道

一、《公路隧道设计规范》JTG D70—2004

1.0.3 隧道规划和设计应遵循能充分发挥隧道功能、安全且经济地建设隧道的基本原则。

隧道设计应有完整的勘测、调查资料，综合考虑地形、地质、水文、气象、地震和交通。及其构成，以及营运和施工条件，进行多方案的技术、经济、环保比较。使隧道设计符合安全实用、质量可靠、经济合理、技术先进的要求。

1.0.5 隧道主体结构必须按永久性建筑设计，具有规定的强度、稳定性和耐久性；建成的隧道应能适应长期营运的需要，方便维修作业。

1.0.6 应加强隧道支护衬砌、防排水、路面等主体结构设计与通风、照明、供配电、消防、交通监控等营运设施设计之间的协调。形成合理的综合设计。必要时应对有关的技术问题开展专项设计和研究。

1.0.7 隧道土建设计应体现动态设计与信息化施工的思想，制定地质观察和监控量测的总体方案；地质条件复杂的隧道，应制定地质预测方案，以及时评判设计的合理性，调整支护参数和施工方案。通过动态设计使支护结构适应于围岩实际情况，更加安全、经济。

3.1.1 应根据隧道不同设计阶段的任务、目的和要求，针对公路等级、隧道的特点和规模，确定搜集、调查资料的内容和范围。并认真进行调查、测绘、勘探和试验。调查的资料应齐全、准确，满足设计要求。

3.1.3 应根据隧道所通过地区的地形、地质条件，并综合考虑调查的阶段、方法、范围等，编制相应的调查计划。在调查过程中，如发现实际地质情况与预计的情况不符，应及时修正调查计划。

7.1.2 隧道应遵循"早进洞、晚出洞"的原则，不得大挖大刷，确保边坡及仰坡的稳定。

8.1.2 隧道衬砌设计应综合考虑地质条件、断面形状、支护结构、施工条件等，并应充分利用围岩的自承能力。衬砌应有足够的强度和稳定性，保证隧道长期安全使用。

10.1.1 隧道防排水应遵循"防、排、截、堵结合，因地制宜，综合治理"的原则，保证隧道结构物和营运设备的正常使用和行车安全。隧道防排水设计应对地表水、地下水妥善处理，洞内外应形成一个完整通畅的防排水系统。

15.1.1 隧道路基应稳定、密实、匀质，为路面结构提供均匀的支承。

15.1.2 隧道路面应具有足够的强度和平整、耐久、抗滑、耐磨等性能。

16.1.1 公路隧道通风设计应综合考虑交通条件、地形、地物、地质条件、通风要求、环境保护要求、火灾时的通风控制、维护与管理水平、分期实施的可能性、建设与营运费用等因素。

二、《公路隧道通风照明设计规范》JTJ 026.1—1999

1.0.10 通风与照明设计除应考虑正常交通工况外，还应考虑洞内发生火灾等工况。

3.2.3 隧道通风要求：

 1 单向交通的隧道设计风速不宜大于10m/s，特殊情况可取12m/s；双向交通的隧道设计风速不应大于8m/s；人车混合通行的隧道设计风速不应大于7m/s。

3.6.2 射流风机的选型、布置与控制

 1 射流风机的选型

  2）在环境温度为250℃情况下射流风机应能正常可靠运

转 60min。

3.6.3 轴流风机的选型、设置与控制

1 轴流风机的选型

2）轴流风机的耐热性

轴流风机应能在环境温度为 250℃情况下可靠运转 60min 以上。

3.8.1 一般规定

5 风机房与风道的连接处，其周壁必须密封，严禁漏风。

3.9.4 火灾时半横向和全横向通风方式应通过主风道排烟；纵向通风应视隧道内火灾点的位置确定风机的正反转，应尽量缩短火灾烟雾在车道内的行程。

4.9.1 高速公路隧道应设置不间断照明供电系统。

4.9.4 在高速公路长隧道和长度大于 2000m 的其他隧道中，应设置避灾引导灯。

第三篇 城市轨道交通

一、《地铁设计规范》GB 50157—2003

1.0.3 地铁工程设计，必须符合政府主管部门批准的城市总体规划和城市轨道交通线网规划。

1.0.4 在新建或续建工程中，必须遵守本标准的各种限界的计算规定。当选用与本标准不同的车辆和轨道参数时，应进行车辆限界核算，并不得超过本标准的车辆限界，同时应符合本标准的设备限界和建筑限界。

1.0.7 地铁的主体结构工程，设计使用年限为 100 年。

1.0.8 地铁线路应为右侧行车的双线线路，并应采用 1435mm 标准轨距。

1.0.13 设计地铁浅埋、高架及地面线路时，应采取降低噪声、减少振动和减少对生态环境影响的措施，使之符合国家现行的城市环境保护的相关规定。

地铁各系统排放的废气、废水、废物，应达到国家现行的相关排放标准。

1.0.15 地铁工程抗震设防烈度，应根据当地政府主管部门批准的地震安全性评价结果确定。

1.0.16 跨河流和临近河流的地铁地面和高架工程，应按 1/100 的洪水频率标准进行设计。

对下穿河流或湖泊等水域的地铁工程，应在进出水域的两端适当位置设防淹门或采取其他防淹措施。

3.0.11 综合监控系统应实现重要控制对象的远程手动控制功能。车站控制室综合后备盘上应集中设置对集成和互联系统的手动后备控制。

3.1.3 地铁的基本运营状态应包含正常运营状态、非正常运营状态和紧急运营状态。系统的运营，必须在能够保证所有使用该系统的人员和乘客以及系统设施安全的情况下实施。

3.2.1 地铁的设计运输能力，应满足预测的远期单向高峰小时最大断面客流量的需要。

3.3.1 地铁线路必须为全封闭形式，同时列车须在安全防护系统的监控下运行。

4.3.4 圆形隧道应按全线盾构施工地段的平面曲线最小半径确定隧道建筑限界。

4.3.7 （高架线或地面线建筑限界的确定应符合下列规定：）

1 高架线、地面线的区间和车站建筑限界，应按高架或地面线设备限界或车辆限界及设备安装尺寸计算确定。

4.3.10 （车站直线地段建筑限界应满足下列要求：）

2 站台计算长度内的站台边缘距线路中心线的距离，应按车辆限界加 10mm 安全间隙确定，但站台边缘与车辆轮廓线之间的间隙，当采用整体道床时不应大于 100mm；当采用碎石道床时不应大于 120mm。

4.3.11 曲线车站站台边缘与车辆轮廓线之间的间隙不应大于 180mm。

5.1.2 地铁线路的选定应根据城市轨道交通线网规划进行。

5.1.4 地铁的线路平面位置和高程应根据城市现状与规划的道路、地面建筑物、管线和其他构筑物、文物古迹保护要求、环境与景观、地形与地貌、工程地质与水文地质条件、采用的结构类型与施工方法，以及运营要求等因素，经技术经济综合比较后确定。

5.1.6 地铁的线路之间及与其他轨道交通线路之间的交叉处，应采用立体交叉。

5.2.1 线路平面曲线半径应根据车辆类型、列车设计运行速度和工程难易程度经比选确定，线路平面的最小曲线半径不得小于表 5.2.1 规定的数值。

5.3.9 车站站台计算长度内和道岔范围内不得设置竖曲线，竖曲线离开道岔端部的距离不应小于 5m。

5.3.10 碎石道床线路竖曲线不得与平面缓和曲线重叠；当不设平面缓和曲线时，竖曲线不得与超高顺坡段重叠。

6.1.1 轨道结构应具有足够的强度、稳定性、耐久性和适量弹性，确保列车安全、平稳、快速运行和乘客舒适。

表 5.2.1 最小曲线半径

线 路		一般情况（m）		困难情况（m）	
		A 型车	B 型车	A 型车	B 型车
正线	$v \leqslant 80$km/h	350	300	300	250
	80km/h$<v \leqslant$100km/h	550	500	450	400
联络线、出入线		250	200	150	
车场线		150	110	110	

注：除同心圆曲线外，曲线半径应以 10m 的倍数取值。

6.1.3 根据环境保护对沿线不同地段的减振、降噪要求，轨道应采用相应的减振轨道结构。

6.2.3 正线钢轨接头应采用对接，曲线内股应采用厂制缩短轨调整钢轨接头位置。

辅助线和车场线半径等于及小于 200m 的曲线地段钢轨接头应采用错接，错接距离不应小于 3m。

6.2.10 曲线超高值应在缓和曲线内递减，无缓和曲线时，应在直线段递减。

超高顺坡率不宜大于 2‰，困难地段不应大于 3‰。

6.4.1 正线上道岔的钢轨类型应与正线的钢轨类型一致。

7.1.1 路基是地铁工程的重要组成部分，直接承受轨道和车辆荷载。路基工程作为土工结构物，必须具有足够的强度、稳定性和耐久性。

7.2.3 路基面宽度应根据正线数目、配线情况、线间距、轨道结构尺寸、路基面形状、曲线加宽、路肩宽度等计算确定。

当路肩埋有设备时，路堤及路堑的路肩宽度均不得小于 0.6m，无埋设设备时路肩宽度均不得小于 0.4m。

7.2.6 路基基床分表层和底层，表层厚度应不小于 0.4m，底层厚度应不小于 1.1m。基床厚度以路肩施工高程为计算起点。

8.1.1 车站的总体布局，应符合城市规划、城市交通规划、环境保护和城市景观的要求，妥善处理好与地面建筑、地下管线、地下构筑物等之间的关系。

8.1.2 车站设计必须满足客流需求，保证乘降安全、疏导迅速、布置紧凑、便于管理，并具有良好的通风、照明、卫生、防灾等设施，为乘客提供舒适的乘车环境。

8.3.1 站台计算长度应采用远期列车编组长度加停车误差。

8.3.7 距站台边缘 400mm 处应设不小于 80mm 宽的纵向醒目安全线。采用屏蔽门时不设安全线。

8.3.9 人行楼梯和自动扶梯的总量布置除应满足上、下乘客的需要外，还应按站台层的事故疏散时间不大于 6min 进行验算。消防专用梯及垂直电梯不计入事故疏散用。

8.4.2 装修应采用防火、防潮、防腐、耐久、易清洁的环保材料，应便于施工与维修，可能条件下兼顾吸声。地面材料应防滑、耐磨。

8.4.4 车站内应设置各种导向、事故疏散、服务乘客的标志。

8.5.1 车站出入口的数量，应根据吸引与疏散客流的要求设置，但不得少于两个。每个出入口宽度应按远期分向设计客流量乘以 1.1~1.25 不均匀系数计算确定。

8.5.4 地下车站出入口的地面标高应高出室外地面，并应满足当地防洪要求。

8.6.3 单建或与建筑物合建的风亭，其口部距其他建筑物距离应不小于 5m。当风亭设于路边时，风亭开口底距地面的高度应不小于 2m。

8.7.2 车站出入口的提升高度超过 6m 时，应设上行自动扶梯；超过 12m 时应考虑上、下行均设自动扶梯。站厅与站台间应设上行自动扶梯，高差超过 6m 时，上、下行均应设自动扶梯。分期建设的自动扶梯应预留位置。

9.1.4 高架结构墩位布置应符合城市规划要求。跨越铁路、道路时桥下净空应满足铁路、道路限界要求并预留结构沉降量、铁路抬道量或公路路面翻修高度；跨越排洪河流时，应按1/100 洪水频率标准进行设计，技术复杂、修复困难的大桥、特大桥应按 1/300 洪水频率标准进行检算；跨越通航河流时，其桥下净空应根据航道等级，满足现行国家标准《内河通航标准》的要求。

9.1.5 钢筋混凝土与预应力混凝土梁式桥跨结构在列车静活载作用下，其竖向挠度不应超过表 9.1.5 的容许值。

表 9.1.5 梁式桥跨结构竖向挠度容许值

跨度	挠度容许值
$L \leqslant 30m$	$L/2000$
$L > 30m$	$L/1500$

注：表中 L 为梁的跨度（m）。

9.1.9 高架结构墩台基础的沉降应按恒载计算。

对于外静定结构，其总沉降量与施工期间沉降量之差，不应超过下列容许值：

墩台均匀沉降量：50mm；

相邻墩台沉降量之差：20mm。

对于外静不定结构，其相邻墩台不均匀沉降量之差的容许值还应根据沉降对结构产生的附加影响来确定。

9.2.5 （列车竖向静活载确定应符合下列规定：）

1 列车竖向静活载图式按本线列车的最大轴重、轴距及近、远期中最长的列车编组确定。

2 单线和双线高架结构，按列车活载作用于每一条线路确定。

3 多于两线的高架结构，按下列最不利情况考虑：

　　1) 按两条线路在最不利位置承受列车活载，其余线路不承受列车活载；

　　2) 所有线路在最不利位置承受 75% 的活载。

4 影响线加载时，活载图式不可任意截取，但对影响线异符号区段，轴重按 80kN 计。

9.2.19 地震力的作用，应按现行国家标准《铁路工程抗震设计规范》的相关规定计算。

9.5.6 车站高架结构，应考虑纵、横向地基不均匀沉陷的影响，包括不均匀沉陷对车站结构的影响和轨道梁桥独立布置时不均匀沉陷对站台标高的影响。

9.5.10 车站高架结构应按现行建筑抗震设计规范进行抗震设计及设防。轨道梁桥与车站结构完全分开布置时，轨道梁桥应按现行国家标准《铁路工程抗震设计规范》进行抗震设计。

10.1.3 地下结构的设计，应减少施工中和建成后对环境造成的不利影响，考虑城市规划引起周围环境的改变对结构的作用。

10.1.7 地下结构的净空尺寸应满足地铁建筑限界和其他使用及施工工艺等要求，并考虑施工误差、结构变形和位移的影响。

10.1.8 采用直流电力牵引和走行轨回流的地铁结构，应根据现行《地铁杂散电流腐蚀防护技术规程》采取防止杂散电流腐蚀的措施。钢结构及钢连接件应进行防锈处理。

10.2.4 在设计换乘站中直接承受地铁车辆荷载的楼板等构件时，地铁车辆竖向荷载应按其实际轴重和排列计算，并考虑动力作用的影响，同时尚应按线路通过的重型设备运输车辆的荷载进行验算。

10.2.5 车站站台、楼板和楼梯等部位的人群均布荷载的标准值应采用 4.0kPa。

10.2.6 设备用房楼板的计算荷载应根据设备安装、检修和正常使用的实际情况（包括动力效应）确定，其标准值不得小于 4.0kPa。

10.3.2 混凝土的原材料和配比、最低强度等级、最大水胶比和单方混凝土的胶凝材料最小用量等应符合耐久性要求，满足抗裂、抗渗、抗冻和抗侵蚀的需要。一般环境条件下的混凝土设计强度等级不得低于表 10.3.2 的规定。

表 10.3.2 地下结构混凝土的最低设计强度等级

明挖法	整体式钢筋混凝土结构	C30
	装配式钢筋混凝土结构	C30
	作为永久结构的地下连续墙和灌注桩	C30
盾构法	装配式钢筋混凝土管片	C50
	整体式钢筋混凝土衬砌	C30
矿山法	喷射混凝土衬砌	C20
	现浇混凝土或钢筋混凝土衬砌	C30
沉管法	钢筋混凝土结构	C30
	预应力混凝土结构	C40
顶进法	钢筋混凝土结构	C30

注：一般环境条件指现行国家标准《混凝土结构设计规范》环境类别中的一类和二a类。

10.5.1　（结构设计应符合下列一般规定：）

1　地下结构应就其施工和正常使用阶段，进行结构强度的计算，必要时也应进行刚度和稳定性计算。对于混凝土结构，尚应进行抗裂验算或裂缝宽度验算。当计入地震荷载或其他偶然荷载作用时，不需验算结构的裂缝宽度。

5　换乘站中直接承受列车荷载的楼板等构件，其计算及构造应满足现行《铁路桥涵钢筋混凝土和预应力混凝土结构设计规范》的相关要求。

9　设计地震区的结构时，应根据设防要求、场地条件、结构类型和埋深等因素选用能较好反映其地震工作性状的分析方法，并采取必要的构造措施，提高结构和接头处的整体抗震能力。

当围岩中包含有可液化土层时，必须采取可靠对策，提高地层的抗液化能力，保证地震作用下结构的安全性。

10　暗挖法施工的结构，应及时向其衬砌背后压注结硬性浆液，保证围岩与结构的共同作用。

10.5.5　（沉管法施工的隧道结构设计应符合下列规定：）

1　沉管法施工的隧道应就其在预制、系泊、浮运、沉放、对接、基础处理等不同施工阶段和运营状态下可能出现的最不利荷载组合,考虑地基的不均匀性和基础处理的质量,分别对横断面和纵向的受力进行分析。

纵向分析时应考虑接头刚度的影响。

10.6.1 (变形缝的设置应符合下列规定:)

1 地下结构应设置温度变形缝。缝的间距可根据施工工艺、使用要求、围岩条件以及运营期间地铁内部温度相对于结构施工时的变化等,参照类似工程的经验确定。

2 在区间隧道和车站结构中,当因结构、地基、基础或荷载发生变化,可能产生较大的差异沉降时,宜通过地基处理、结构措施或设置后浇带等方法,将结构的纵向沉降曲率和沉降差控制在整体道床和地下结构的允许变形范围内。

3 在车站结构与出入口通道等附属建筑的结合部应设置变形缝。

4 应采取可靠措施,确保变形缝两边的结构不产生影响行车安全和正常使用的差异沉降。

10.6.3 (钢筋的混凝土保护层厚度应符合下列规定:)

2 受力钢筋的混凝土保护层的厚度不得小于钢筋的公称直径,且在一般环境条件下应符合表10.6.3的规定。

表10.6.3 受力钢筋的混凝土保护层最小厚度(mm)

结构类型	地下连续墙		灌注桩	明挖结构						钢筋混凝土管片		矿山法施工的结构			
				顶板		楼板	底板					初期支护或喷锚衬砌		二次衬砌	
	外侧	内侧		外侧	内侧		外侧	内侧	外侧	内侧		外侧	内侧		
保护层厚度	70	50	70	50	40	30	50	40	40	30		40	40	35	

注:1 车站内的楼梯及站台板等内部构件主筋的保护层厚度可采用25mm;
2 顶进法和沉管法施工的隧道主筋的保护层厚度可采用明挖结构的数值;
3 矿山法施工的结构当二次衬砌的厚度大于50cm时,主筋的保护层厚度应采用40mm。

3 箍筋、分布筋和构造筋的混凝土保护层厚度不得小于 20mm。

11.1.3　（地下结构防水等级应符合下列规定:）

　　1 地下车站及机电设备集中区段的防水等级应为一级，不允许渗水，结构表面无湿渍；

　　2 区间隧道及连接通道等附属的隧道结构防水等级应为二级，顶部不允许滴漏，其他不允许漏水，结构表面可有少量湿渍，总湿渍面积不应大于总防水面积的 6/1000；任意 $100m^2$ 防水面积上的湿渍不超过 4 处，单个湿渍的最大面积不大于 $0.2m^2$。

11.3.21　卷材防水层宜为 1~2 层。高聚物改性沥青防水卷材单层使用时，厚度不宜小于 4mm，双层使用时，总厚度不应小于 6mm；高聚物改性沥青自粘卷材和合成高分子防水卷材单层使用时，厚度不宜小于 1.5mm，双层使用时，总厚度不宜小于 2.4mm；塑料树脂类防水卷材厚度宜为 1.2~2mm。

　　卷材及其胶粘剂应具有良好的耐水性、耐久性、耐刺穿性、耐腐蚀性和耐菌性。

11.5.9　变形缝处采取的防水措施应能满足接缝两端结构产生的异沉降及纵向伸缩时的密封防水要求。

12.1.1　地铁的内部空气环境应采用通风或空调系统进行控制。

12.1.3　地铁的通风与空调系统应保证其内部空气环境的空气质量、温度、湿度、气流组织、气流速度和噪声等均能满足人员的生理及心理条件要求和设备正常运转的需要。

12.1.4　（地铁通风与空调系统应具有下列功能:）

　　1 当列车在正常运行时，应保证地铁内部空气环境在规定标准范围内；

　　2 当列车阻塞在区间隧道内时，应保证阻塞处的有效通风功能；

　　3 当列车在区间隧道发生火灾事故时，应具备防灾排烟、通风功能；

4 当车站内发生火灾事故时,应具备防灾排烟、通风功能。

12.1.5 (地铁通风与空调系统的确定应符合下列规定:)

1 地铁通风和空调系统分为通风系统(含活塞通风)和空调系统两种系统方式;

2 地铁通风与空调系统宜优先采用通风系统方式(含活塞通风);

3 在夏季当地最热月的平均温度超过 25℃,且地铁高峰时间内每小时的行车对数和每列车车辆数的乘积大于 180 时,可采用空调系统;

4 在夏季当地最热月的平均温度超过 25℃,全年平均温度超过 15℃,且地铁高峰时间内每小时的行车对数和每列车车辆数的乘积大于 120 时,可采用空调系统。

12.1.7 地铁的通风与空调系统应按地铁预测的远期客流量和最大的通过能力设计,但设备应按近期和远期配置,分期实施。

12.2.8 地铁地下车站应设置通风系统,当条件符合 12.1.5 条规定时,可采用空调系统。

12.2.9 地铁地下车站的进风应直接来自大气,排风应直接排出地面。

12.2.11 (地下车站夏季站内空气计算温度和相对湿度应符合下列规定:)

1 当车站采用通风系统时,站内夏季的空气计算温度不宜高于室外空气计算温度 5℃,且不应超过 30℃;

2 当车站采用空调系统时,站厅的空气计算温度比空调室外计算干球温度低 2~3℃,且不应超过 30℃;站台厅的空气计算温度比站厅的空气计算温度低 1~2℃;相对湿度均在 40%~65%之间。

12.2.14 当通风系统采用开式运行时,每个乘客每小时需供应的新鲜空气量不应少于 $30m^3$;当采用闭式运行时,其新鲜空气量不应少于 $12.6m^3$,且系统的新风量不应少于总送风量的 10%。

12.2.15 当采用空调系统时,每个乘客每小时需供应的新鲜空气量不应少于 12.6m³,且系统的新风量不应少于总送风量的 10%。

12.2.24 地下车站的各类用房应根据其使用要求设置通风系统,必要时可设置空调系统;进风应直接采自大气,排风宜直接排出地面。

12.2.27 设置气体灭火的房间应设置机械通风系统,所排除的气体必须直接排出地面。

12.2.29 地下车站设备及管理用房内每个工作人员每小时需供应的新鲜空气量不应少于 30m³,且新风量不少于总风量的 10%。

12.2.42 地面进风风亭应设在空气洁净的地方,任何建筑物距进、排风亭口部的直线距离应大于 5m。

13.1.2 地铁给水水源应优先采用城市自来水,当沿线无城市自来水时,应和当地规划等部门协商,采取其他可靠的供水水源。

13.2.4 (地铁给水系统应按下列情况选择:)

 2 当城市自来水的洪水量能满足生产、生活和消防用水的要求,而供水压力不能满足消防用水压力时,应和当地消防及市政部门协商设消防泵和稳压装置,不设消防水池。

 3 当城市自来水的供水量和供水压力能满足生产和生活用水,而不能满足消防用水量要求时,则应设消防泵、稳压装置和消防水池。

13.2.5 (管道布置和敷设应符合下列规定:)

 4 给水管不应穿过变电所、通信信号机房、控制室、配电室等房间;

13.3.4 (地铁隧道内的排水泵站(房)的设置应符合下列规定:)

 7 露天出入口及敞开通风口排水泵房的雨水排放设计按当地 50 年一遇暴雨强度计算,集流时间为 5~10min;

 8 洞口的雨水如不能自流排放时,必须在洞口适当位置设排水泵站,并在洞口道床的适当位置设横向截水沟,保证将雨水导流至泵站集水池。排水管渠或排水泵站的排水能力,按当地50年一遇的暴雨强度计算,集流时间按计算确定;

13.3.8 (局部污水处理设施应符合下列规定:)

　　1　当城市有污水排水系统而无污水处理厂时,车站厕所的污水应经过化粪池处理达到标准后排入城市污水排水系统;

　　5　当城市无污水排水系统时,应根据国家或当地现行有关污水综合排水标准的规定,对地铁车站排出的粪便污水进行处理,达到标准后排入城市排水系统;

13.4.8　含油废水及洗车库的废水,不符合国家规定的排放标准时,应经过处理,达到标准后排放,并尽量重复利用。

13.4.9　车辆段附近无城市污水排水系统时,则车辆段内的生活污水必须经过处理,达到排放标准后才能排放。

14.1.7　一级负荷应由双电源双回线路供电,当一个电源发生故障时,另一个电源不应同时受到损坏。一级负荷中特别重要的负荷,除由双电源供电外,尚应增设应急电源。

14.1.11　供电系统中的各种变电所均应有两个电源,每个进线电源的容量应满足变电所全部一、二级负荷的要求。这两个电源可以来自不同变电所,也可来自同一变电所的不同母线。主变电所进线电源应至少有一个为专线电源。

14.1.14　直流牵引供电系统的电压及其波动范围应符合表14.1.14的规定。

表14.1.14　直流牵引供电系统电压值

系统电压(V)		
标称值	最高值	最低值
750	900	500
1500	1800	1000

14.1.15　直流牵引系统及非线性用电设备所产生的谐波引起的电网电压正弦波形畸变率应予控制。

14.2.6 配电变压器的容量选择应满足一台配电变压器返出运行时,另一台配电变压器能负担供电范围内远期的一、二级负荷。

14.2.12 在地下使用的电气设备及材料,应选用体积小、低损耗、低噪音、防潮、无自爆、低烟、无卤、阻燃或耐火的定型产品。

14.2.21 变电所继电保护装置应力求简单,并满足可靠性、选择性、灵敏性和速动性的要求。

14.3.8 柔性接触线高度变化时,其坡度应符合表 14.3.8 的规定。

表 14.3.8 柔性接触线最大坡度值

列车速度(km/h)	接触线最大坡度(‰)
10	40
30	20
60	10
90	6
120	5

14.3.12 上网电缆、回流电缆的根数及截面,应根据大双边供电方式下的远期负荷计算确定,但每个回路的电缆根数不得少于两根。

14.3.21 接触网带电部分和结构体、车体之间的最小净距,应符合表 14.3.21 的规定。

表 14.3.21 接触网带电部分和结构体、车体之间的最小净距(mm)

标称电压	净态	动态	绝对最小动态
750V	25	25	25
1500V	150	100	60

14.4.1 电力电缆与控制电缆,在地下敷设时应采用低烟无卤阻燃电缆,在地上敷设时可采用低烟阻燃电缆。为应急照明、消防设施供电的电缆,明敷时应采用低烟无卤耐火铜芯电缆或矿物绝

缘耐火电缆。重要信号的控制电缆宜采用金属屏蔽。

14.4.16 （中压交流单相电力电缆的金属护层，必须直接接地，且在金属护层上任一点非接地处的正常感应电压应符合下列规定：）

  1 未采取不能任意接触金属护层的安全措施时，不得大于 50V；

  2 采取不能任意接触金属护层的安全措施时，不得大于 100V。

14.7.8 直流牵引供电为不接地系统，牵引变电所中的直流设备应绝缘安装。

15.1.4 通信系统在灾害或事故的情况下应作为应急处理、抢险救灾的手段。

15.1.6 地铁隧道内托板托架的设置不应侵入设备限界；车载台无线天线的设置不应超出车辆限界。

15.2.8 在地铁沿线敷设的光缆、电缆等管线结构，应选择符合杂散电流腐蚀防护的材质、结构设计和施工方法。

15.2.9 隧道内的通信电缆、光缆应以绝缘方式进行敷设，电缆在支架上敷设时应具有 5mm 以上的塑料绝缘垫层。

15.2.10 地铁敷设光缆不设屏蔽地线，但接头两侧的金属护套及金属加强件应相互绝缘，光缆引入室内应做绝缘接头。

15.3.3 公务电话交换设备应具备综合业务数字网络（ISDN）功能。

15.4.7 防灾、环境与设备监控系统调度电话分机应设置在各车站、车辆段综合控制室以及车辆段的消防控制室等地点。

15.5.1 地铁应设置无线通信系统为控制中心调度员、车辆段调度员、车站值班员等固定用户与列车司机、防灾、维修、公安等移动用户之间提供通信手段。无线通信系统必须满足行车安全、应急抢险的需要。

15.5.5 地铁无线通信系统应具有选呼、组呼、全呼、紧急呼叫、呼叫优先级权限等调度通信功能，并应具有存储功能、监测功能等。

15.6.3 行车和防灾广播的区域应统一设置。防灾广播应优先于行车广播。

15.9.1 通信电源系统必须是独立的供电设备并具有集中监控管理功能。

15.9.2 通信电源系统应保证对通信设备不间断、无瞬变地供电。通信电源设备应满足通信设备对电源的要求。

15.9.3 地铁通信设备应按一级负荷供电。由变电所引接双电源双回线路的交流电源至通信机房交流配电屏，当使用中的一路出现故障时，应能自动切换至另一路。

15.9.7 通信设备的接地系统设计，应做到确保人身、通信设备安全和通信设备的正常工作。

16.1.1 地铁信号系统应由行车指挥和列车运行控制设备组成，并应设必要的故障监测和报警设备。

16.1.2 信号系统采用的器材和设备应符合有关现行国家标准或参照有关行业标准的规定。

16.1.3 涉及行车安全的设备及电路必须符合故障-安全的原则。安全系统必须经安全检测、认证并批准后方可采用。

16.1.4 信号系统应满足地铁行车组织和运营管理的需要，保证列车运行安全，提高行车效率，改善运营人员的工作条件。

16.1.5 地铁信号系统工程设计应满足大运量、高密度行车和不同列车编组的运营要求。

16.1.7 信号系统应具有高可靠性和高可用性。

16.1.8 信号系统必须具有良好的电磁兼容性。

16.1.10 信号系统的车载设备不得超出车辆限界，信号系统的地面设备不得侵入设备限界。

16.2.7 （地铁列车的主要驾驶模式及模式转换的基本要求应符合下列规定：）

    2 列车驾驶模式转换应符合下列规定：

        4） 为保证行车安全，在 ATC 控制区域内使用限制模式或非限制模式时应有破铅封、记录或特殊控制指令授权等技术措施。

16.2.8 ATC系统应满足自系统设备和通信、供电等相关系统设备故障的特殊条件下安全行车的需要。ATC系统应能降级运用，实现故障弱化处理，满足故障复原的需要。

16.2.9 （ATC系统的设计能力应符合下列规定：）

1 ATC系统对车站、车辆段、停车场等的监控范围应按线路和站场所确定的建设规模设计。系统监控能力应与线路远期条件相适应；

2 ATC系统监控和管理的最少列车数量按远期配属列车数量计。新线设计时，车载信号设备实际配备数量，按初期或近期配属列车数量计；

16.3.2 （ATS系统的基本要求应符合下列规定：）

3 运营线路上的车站应纳入ATS系统监控范围，涉及行车安全的应急直接控制应由车站办理。车辆段、停车场可不全部列入系统监控范围；

4 ATS系统应满足列车运行交路的需要，凡有道岔的车站均应按具有折返作业处理；

7 列车进路控制应以联锁表为依据，根据运行时刻表和列车识别号等条件实现控制；

9 ATS系统与联锁设备接口应满足：

　　3）ATS系统控制命令的输出持续时间应保证继电联锁设备的可靠动作，其与安全相关的接口应有可靠的隔离措施。

16.5.1 （ATP系统应具有下列主要功能：）

1 检测列车位置，实现列车间隔控制和进路的正确排列；

2 监督列车运行速度，实现列车超速防护控制；

3 防止列车误退行等非预期的移动；

4 为列车车门、站台屏蔽门等的开闭提供安全监控信息；

16.5.2 （ATP系统的基本要求应符合下列规定：）

2 地铁必须配置 ATP 系统，其系统安全失效率指标应优于 $10-9h-1$。ATP 系统内部设备之间的信息传输通道也必须符合故障-安全原则；

3 闭塞分区的划分或列车运行安全间隔，应通过列车运行模拟确定。为保证行车安全，在安全防护地点运行方向的后方应设安全防护距离或防护区段，安全防护距离应通过计算确定；

16.5.3 （ATP 车载设备在满足 ATP 系统基本要求外，还应符合下列规定：）

1 ATP 系统导致列车停车为最高的安全准则。地-车连续通信中断、列车完整性电路断路、列车超速、列车的非预期移动、车载设备重要故障等均应导致安全性制动；

2 ATP 车载设备的车内信号应是行车的主体信号。车内信号至少包括列车实际运行速度、列车运行前方的目标速度；在两端司机室内均应装设速度显示、报警装置和必要的切换装置；

16.5.5 （联锁设备的基本要求应符合下列规定：）

1 确保进路上道岔、信号机和区段的联锁，联锁条件不符时，禁止进路开通。敌对进路必须相互照查，不得同时开通；

2 装设引导信号的信号机因故不能开放时，应通过引导信号实现列车的引导作业；

7 车站站台及车站控制室应设站台紧急关闭按钮。站台紧急关闭按钮电路应符合故障-安全原则；

11 地铁固定信号机、表示器等的设置应遵循下列原则：

1) 在 ATC 控制区域的线路上应设道岔防护信号机或道岔状态表示器。道岔防护信号机以显示禁止信号为定位。其他类型的信号机可根据需要设置；
2) 具有出站性质以外的道岔防护信号机应设引导信号。具有两个及两个以上运行方向的信号机可设进路表示器；
3) 信号机应设在列车运行方向的右侧。特殊情况可设于列车运行方向的左侧或其他位置；

4）信号机等应采用白炽灯或其他光源构成的色灯式信号机；

5）车站应设发车指示器或发车计时装置。

12　各种地面信号机及表示器的显示距离应符合下列规定：

1）行车信号和道岔防护信号应不小于400m；

2）调车信号和道岔状态表示器应不小于200m；

3）引导信号和道岔状态表示器以外的各种表示器应不小于100m。

16.8.2　（信号系统供电应满足下列要求：）

1　供电负荷等级应为一级负荷，设两路独立电源。车上设备应由车上直流电源直接供电或经变流设备供电；

17.1.1　当地铁设置电梯用于运送乘客时，应满足坐轮椅者和盲人使用。电梯的提升速度不小于0.63m/s，载重量不小于1t。

17.1.7　地铁车站自动扶梯应采用公共交通型重载扶梯，其传输设备（主要包括梯级、梳齿板、扶手带、传动链、梯级链、内外装饰板、传动机构等）应采用不燃或难燃材料。

17.3.3　自动扶梯的踏步面至顶部洞口处的建筑物底面垂直净空高度不应小于2300mm。

17.3.7　自动扶梯的安装位置应避开建筑物变形缝。

18.1.2　自动售检票系统的设计能力应满足地铁超高峰客流量的需要。自动售检票设备的数量按近期超高峰客流量计算确定，按远期超高峰客流量预留位置与安装条件。

18.1.6　自动售检票系统应能满足地铁各种运营模式的要求。

18.1.9　自动售检票系统的设备应具有24小时不间断工作的能力。

18.2.1　自动售检票系统应由中央计算机系统、车站计算机系统、车站售检票设备和传输系统等组成。

19.1.3　地下车站站厅乘客疏散区、站台及疏散通道内不得设置商业场所。站厅及与地铁相联开发的地下商业等公共场所的防火灾设计，应符合民用建筑设计防火规范的规定。

19.1.7 地铁的地下工程及出入口、通风亭的耐火等级为一级。

19.1.9 地铁与地下及地上商场等地下建筑物相连接时，必须采取防火分隔设施。

19.1.10 地下车站站台和站厅乘客疏散区应划为一个防火分区。其他部位的防火分区的最大允许使用面积不应大于 1500m²。地上车站不应大于 2500m²。

两个防火分区之间采用耐火极限 4h 的防火墙和甲级防火门分隔。在防火墙设有观察窗时，应采用 C 类甲级防火玻璃。

注：消防泵房、污水泵房、蓄水池、厕所和盥洗室的面积可不记入防火分区面积内。

19.1.13 车站的站台、站厅、出入口楼梯、疏散通道、封闭楼梯间等乘客集散部位，以及各设备、管理用房，其墙、地及顶面的装修材料，以及广告灯箱、座椅、电话亭和售、检票亭等所用材料，应采用不燃材料，同时，装修材料不得采用石棉、玻璃纤维制品及塑料类制品。

19.1.15 地下车站防火分区（有人区）安全出口的设置应符合下列规定：

1 车站站台和站厅防火分区，其安全出口的数量不应少于两个，并应直通车站外部空间；

2 其他各防火分区安全出口的数量也不应少于两个，并应有一个安全出口直通外部空间。与相邻防火分区连通的防火门可作为第二个安全出口。竖井爬梯出入口和垂直电梯不得作为安全出口；

3 与车站相联开发的地下商业等公共场所，通向地面的安全出口应符合现行《建筑设计防火规范》的规定。

19.1.19 出口楼梯和疏散通道的宽度，应保证在远期高峰小时客流量时发生火灾的情况下，6min 内将一列车乘客和站台上候车的乘客及工作人员全部撤离站台。

19.1.22 两条单线区间隧道之间，当隧道连贯长度大于 600m 时，应设联络通道，并在通道两端设双向开启的甲级防火门。

19.1.27 地下车站站厅、站台、设备及管理用房区域、人行通道、地下区间隧道应设室内消火栓,地面或高架车站室内消火栓的设置应符合现行国家标准《建筑设计防火规范》的规定。

19.1.29 在地下车站出入口或通风亭的口部等处明显位置应设水泵接合器,并在15~40m范围内设置室外消火栓。地面或高架车站水泵接合器的设置应符合现行国家标准《建筑设计防火规范》的规定。

19.1.30 当地铁车站必须设消防泵和消防水池时,消防水池的有效容积应满足消防用水量的要求。消火栓系统的用水量火灾延续时间按2h计算,当补水有保证时可减去火灾延续时间内连续补充的水量。

19.1.31 地下车站的车站控制室、通信及信号机房、地下变电所应设置气体自动灭火装置。地上运营控制中心气体灭火装置的设置,应按现行建筑设计防火规范的规定执行。

19.1.32 地铁工程应按现行国家标准《建筑灭火器配置设计规范》的规定配置灭火器。

19.1.33 地下车站及区间隧道内必须设置防烟、排烟与事故通风系统。

19.1.35 当防烟、排烟系统与事故通风和正常通风与空调系统合用时,通风与空调系统应采用可靠的防火措施,且应符合防烟、排烟系统的要求,并应具备事故工况下的快速转换功能。

19.1.36 (防烟、排烟系统与事故通风应具有下列功能:)

1 当区间隧道发生火灾时,应能背着乘客疏散方向排烟,迎着乘客疏散方向送新风;

2 当地下车站的站厅、站台或设备及管理用房发生火灾时应具备防烟、排烟和通风功能;

3 当列车阻塞在区间隧道时,应能对阻塞区间进行有效通风。

19.1.39 地下车站站台、站厅火灾时的排烟量,应根据一个防烟分区的建筑面积按 $1m^3/(m^2 \cdot min)$ 计算。当排烟设备负担两个防烟分区时，其设备能力应按同时排除两个防烟分区的烟量配置。当车站站台发生火灾时，应保证站厅到站台的楼梯和扶梯口处具有不小于 1.5m/s 的向下气流。

19.1.47 地铁公用通信的程控电话应具有火警时能自动转换到市话网的"119"的功能。同时，地铁内应配备在发生灾害时供救援人员进行地上、地下联络的无线通信设施。

19.1.52 地铁车站应设消防对讲电话。

19.1.54 消防用电设备按一级负荷供电，并应在末级配电箱处设置自动切换装置，当发生火灾切断生产、生活用电时，应能保证消防设备正常工作。

19.1.58 （下列部位应设置疏散应急照明:）

1 站厅、站台、自动扶梯、自动人行道及楼梯口；

2 疏散通道及安全出口；

3 区间隧道。

19.1.60 （下列部位应设置醒目的疏散指示标志:）

1 站厅、站台、自动扶梯、自动人行道及楼梯口；

2 人行疏散通道拐弯处、交叉口及安全出口；沿通道长向每隔不大于 20m 处；

3 疏散通道和疏散门均应设置灯光疏散指示标志，并设有玻璃或其他不燃烧材料制作的保护罩；

4 指示标志距地面小于 1m；

5 站台、站厅、疏散通道等人员密集部位的地面，宜设置保持视觉连续的发光疏散指示标志。

19.1.61 地铁车站出入口及敞口低风井等口部的防淹措施，应满足当地防洪要求。

19.2.7 4 车站控制室应能控制地铁消防救灾设备的启、停，显示运行状态；

19.2.13 车站 FAS 必须显示气体自动灭火系统保护区的报警、放气、风机和风阀状态、手动燉自动放气开关所处位置。

19.2.20 2

1) 站厅、站台、各种设备机房、库房、值班室、办公室、走廊、配电室、电缆隧道或夹层应设火灾探测器；

19.2.21 设置火灾探测器的场所应设置手动报警按钮。

20.1.1 地铁环境与设备监控系统（BAS）的设计应针对地铁的特点和各城市的气候环境、经济情况，设置不同水平的BAS，以达到营造良好舒适环境、降低能源消耗、节省人力、提高管理水平的目的。

20.1.2 BAS应遵循分散控制、集中管理、资源共享的基本原则。

20.1.4 通风、空调、低压配电和BAS的设计应统一设计标准，协调各系统设计接口关系。

20.2.1 BAS宜采用分布式计算机系统，由中央管理级、车站监控级、现场控制级及相关通信网络组成。

20.3.1 （BAS应具有以下基本功能：）

1 机电设备监控；
2 执行防灾及阻塞模式；
3 环境监控与节能运行管理；
4 环境和设备的管理。

20.3.3 （执行防灾及阻塞模式应具有下列功能：）

1 能接收FAS系统车站火灾信息，执行车站防烟、排烟模式；
2 能接收列车区间停车位置信号，根据列车火灾部位信息，执行隧道防排烟模式；
3 能接收列车区间阻塞信息，执行阻塞通风模式；
4 能监控车站逃生指示系统和应急照明系统；
5 能监视各排水泵房危险水位。

20.4.3 （车站级硬件应按下列要求配置：）

1 配置工控计算机作为车站级操作工作站；
2 配置在线式不间断电源，后备时间不应小于30min；

3　配置一台打印机兼作历史和报表打印机；

　　4　配置车控室紧急控制盘（IBP 盘），作为 BAS 火灾工况自动控制的后备措施，其操作权限高于车站和中央工作站，盘面应以火灾工况操作为主，操作程序应力求简便、直接；

　　5　操作工作站不应兼有网关功能。

20.5.1　软件系统应与硬件系统配置相适应，应在成熟、可靠、开放的监控系统软件平台的基础上，按地铁功能需求开发应用软件。

20.6.1　（网络结构应符合下列规定：）

　　1　中央级与车站级之间的传输网络应由通信系统提供；

　　2　满足中央级和车站级监控的功能需要；

　　3　减小故障的波及面，实现"集中管理，分散控制"；

　　4　系统应具有良好的可靠性、开放性和可扩展性。

20.6.4　（车站级网络应具有下列功能：）

　　1　车站级局域网连接控制器、操作站和通信设备，必须保证数据传输实时可靠，并应具备良好的开放性和采用标准通信协议；

20.7.1　BAS 管线布置应具有安全可靠性、开放性、灵活性、可扩展性及实用性。

20.7.2　BAS 布线应考虑周围环境电磁干扰的影响。

20.7.3　BAS 的信号线与电源线不应共用一条电缆，也不应敷设在同一根金属套管内。

20.7.4　采用屏蔽布线系统时，应保持系统中屏蔽层的连续性，以满足系统接地的可靠性。

21.1.1　为确保地铁列车安全、可靠和高效的运行，对地铁运营过程实施全面的集中监控和管理，应建立运营控制中心（OCC）。

21.1.5　控制中心的调度人员通过使用信号、火（防）灾自动报警、环境与设备监控、电力监控、自动售检票和通信等系统中央级设备对地铁运行的全过程进行集中监控和管理。在条件允许时，也可配备其他与地铁运营、管理和安全有关的系统和设备。

21.1.7 控制中心的总体布置应考虑安全、可靠，操作、维修及管理方便，运营成本低廉等。根据具体设备的数量，经济合理地确定控制中心的规模、水平、运作管理模式及装修标准，并适当预留将来发展的余地。

21.2.3 设备区各系统设备的布置及设计应满足下列要求：

　　3　大功率的强电设备不得与弱电设备混合安装和布置。各电气系统设备用房不得有水管穿过，风管穿过时应安装防火阀；

22.1.3 车辆段与综合基地的设计，应初、近、远期结合，统一规划，分期实施。其车辆的配置应按初期运营需要配置，以后根据运营的需要逐步添置；站场股道、房屋建筑和机电设备等应按近期需要设计；用地范围应按远期规模并在远期站场股道和房屋规划布置的基础上确定。

22.1.7 车辆段与综合基地设计应有完善的消防设施。总平面布置、房屋设计和材料、设备的选用等应符合现行有关防火规范的规定。

22.1.8 车辆段与综合基地设计应对所产生的废气、废液、废渣和噪声等进行综合治理，并符合现行国家和地方有关规范的规定。

　　车辆段与综合基地污水处理的工艺应经当地政府主管部门批准；环境保护设施应与主体工程同时设计、同时施工、同时投产。

22.1.9 车辆段与综合基地内应有运输道路及消防道路，并应有不少于两个与外界道路相连通的出口。

22.2.8 车辆段、停车场的规模应满足功能和能力的要求，并根据列车对数、列车编组、管辖范围内配属列车数、车辆技术参数、检修周期和检修时间计算确定。

22.3.6 运用库各种库线均应根据车辆的受电方式设置架空接触网或地面接触轨。地面接触轨应分段设置并加装安全防护罩，列检库和月检线的架空接触网列位之间和库前均应设置隔离开关或分段器,并均应设有送电时的信号显示或音响。

22.4.13 油漆库可根据需要按台位设置,库内应设通风、给排水设施和压缩空气管路,并应有环保措施。库内电气设备均应采取防爆措施。油漆库的尺寸应根据工艺要求确定。

22.6.1 综合维修中心是地铁系统各种设备和设施的维修管理单位。其功能应满足全线线路、路基、轨道、桥梁、涵洞、隧道、房屋建筑和道路等设施的维修、保养工作,以及供电、通信、信号、机电设备和自动化设备的维修和检修工作的需要。

22.9.1 车辆段与综合基地内应设救援办公室,受地铁控制中心指挥。

22.10.2 沿海或江河附近地区车辆段与综合基地的线路路肩设计高程不应小于 1/100 潮水位、波浪爬高值和安全高之和。

22.10.5 车辆段与综合基地应根据地铁供电系统的要求、车辆段的规模和布置,以及生产工艺需要等设置牵引变电所和降压变电所及动力、照明设施。

车场牵引供电系统应根据作业和安全要求实行分区供电。

当牵引供电采用接触轨方式时,车场线路的外侧应设安全防护栅栏。

23.2.1 地铁噪声污染防治设计应遵循《中华人民共和国环境噪声污染防治法》的规定,符合现行国家标准《城市区域环境噪声标准》、《工业企业厂界噪声标准》以及《城市区域环境噪声标准适用区域划分技术规范》的规定。

23.2.6 不采用屏蔽门系统的地铁车站站台应进行列车走行区墙面的吸声处理,以降低混响声的影响。地铁车站站台列车进、出站平均等效声级应符合现行国家标准《地下铁道车站站台噪声限值》的规定。

23.2.7 对于建成区,地面、高架线路应远离噪声敏感区域和重要敏感建筑等环境保护目标。列车运行噪声对环境的影响应符合现行国家标准《城市区域环境噪声标准》中相应区域噪声限值的规定。地面、高架线路两侧属交通干线两侧区域的敏感建筑应达到 4 类区的噪声限值。

23.2.10 风亭、冷却塔的位置应避开环境敏感区域。对于建成区，在交通干线两侧区域设置的风亭、冷却塔，其噪声应达到现行国家标准《城市区域环境噪声标准》4 类区的噪声限值；位于 2 类区和 1 类区内的风亭、冷却塔，其噪声应达到相应区域噪声限值。

23.2.13 车辆段和停车场的位置应选在非环境敏感区域。车辆段和停车场的厂界噪声应符合现行国家标准《工业企业厂界噪声标准》中相应区域噪声限值的规定。

23.3.1 地铁振动污染防治设计应符合现行国家标准《城市区域环境振动标准》的规定。

23.4.1 地铁大气污染防治设计应遵循《中华人民共和国大气污染防治法》的规定，符合现行国家标准《锅炉大气污染物排放标准》和《饮食业油烟排放标准》的规定。

23.4.6 采用燃煤锅炉时应安装除尘设备和脱硫装置。锅炉大气主要污染物的排放浓度应符合现行国家标准《锅炉大气污染物排放标准》的规定。

23.4.7 车辆段食堂操作间应安装油烟净化设施。油烟排放浓度应符合现行国家标准《饮食业油烟排放标准》的规定。

23.5.1 地铁废水污染防治设计应遵循《中华人民共和国水污染防治法》的规定，符合地方污水排放标准或现行国家标准《污水综合排放标准》的规定。

23.5.4 当车站附近无城市污水排水系统时，应对车站的生活污水进行处理，达到地方或国家污水排放标准后排放。

23.5.8 车辆段的含油等生产废水必须进行处理，达到地方或国家污水排放标准后排放。

23.5.9 若车辆段污水需向自然水体排放时，污水处理及污染物的排放应符合现行国家标准《污水综合排放标准》。

23.6.2 主变电站及列车运行中所产生的电磁辐射，其工频电场、工频磁场对公众环境生物效应的影响应符合现行国家标准《电磁辐射防护规定》的规定。

23.7.1 地铁选线、选址必须合理使用国土资源，应充分利用荒地、劣地。

23.7.2 地铁选线应考虑文物保护单位、自然保护区、风景名胜区和其他需要特殊保护地区的保护。

二、《地下铁道工程施工及验收规范》GB 50299—1999，2003 年版

3.1.3 支护桩及腰梁、横撑、锚杆等，必须经过计算，并按设计要求施工。

3.2.7 沉桩过程中，应随时检测校正桩的垂直度。钢桩沉设贯入度每击 20 次不应小于 10mm。

3.6.3 护筒设置位置应正确、稳定，与孔壁之间应用黏土填实。其埋置深度，黏土层不应小于 1.0m，砂质或杂填土层不应小于 1.5m。

3.6.7 成孔施工中如发现斜孔、弯孔、缩孔、塌孔或沿护筒周围冒浆及地面沉陷等现象时，应及时采取措施处理后方可继续施工。

3.6.15 水下混凝土灌注应符合下列规定：

1 混凝土灌注前应在导管内临近泥浆面位置吊挂隔水栓；

2 导管底端距孔底应保持 300~500mm；

3 导管埋入混凝土深度应保持 2~3m，并随提升随拆除；

4 导管吊放和提升不得碰撞钢筋笼。

3.7.9 锚杆布置应符合下列规定：

1 最上层锚杆覆土厚度不应小于 3m；

4 位置正确并应避开邻近地下构筑物或管线，如锚杆长度超过施工范围时，应取得有关单位同意；

5 锚固段必须设置于滑动土体 1m 以外的地层中，锚固段与非锚固段应界限分明。

3.7.14 锚杆应进行抗拉和验收试验,并应符合下列规定:

1 试件数量:抗拉试件宜为总数量的2%,且不应少于2根;验收试件宜为总数量3%,且不应少于3根;

2 加荷方式:依次为设计荷载的25%,50%,75%,100%,120%(验收试验锚杆),133%(抗拉试验锚杆);

3 验收试验锚杆总位移量不应大于抗拉试验锚杆总位移量。

4.9.2 基坑开挖后应进行地下连续墙验收,并符合下列规定:1 混凝土抗压强度和抗渗压力应符合设计要求,墙面无露筋、露石和夹泥现象。

5.1.2 隧道基坑必须保持地下水位稳定在基底0.5m以下。

5.1.3 隧道基坑土石方需要爆破时,必须事先编制爆破方案,报城市主管部门批准,经公安部门同意后方可实施。

5.2.1 隧道基坑开挖范围内各种管线,施工前应调查清楚,经有关单位同意后方可确定拆迁、改移或采取悬吊措施。

5.7.10 混凝土抗压、抗渗试件应在灌注地点制作,同一配合比的留置组数应符合下列规定:

1 抗压强度试件:

1) 垫层混凝土每灌注一次留置一组;
2) 每段结构(不应大于30m长)的底板、中边墙及顶板,车站主体各留置4组,区间及附属建筑物结构各留置2组;
3) 混凝土柱结构,每灌注10根留置一组,一次灌注不足10根者,也应留置一组;
4) 如需要与结构同条件养护的试件,其留置组数可根据需要确定。

2 抗渗压力试件:每段结构(不应大于30m),车站留置2组,区间及附属建筑物各留置一组。

5.9.4 隧道结构竣工后,混凝土抗压强度和抗渗压力必须符合设计要求,无露筋、露石,裂缝应修补好,结构允许偏差值应符合表5.9.4规定。

表 5.9.4　隧道结构各部位允许偏差值（mm）

项目	允许偏差												检查方法
	垫层	先贴防水保护层	后贴防水保护层	底板	顶板下表面	顶板上表面	墙内墙	墙外墙	柱子	变形缝	顶留洞	预埋件	
平面位置	±30	—	—	—	—	—	±10	±15	纵向±20 横向±10	±10	±20	±20	以线路中线为准用尺检查
垂直度（‰）	—	—	—	—	—	—	2	3	1.5	3	—	—	线锤加尺检查
直顺度	—	—	—	—	—	—	—	—	—	5	—	—	拉线检查
平整度	5	5	10	15	5	—	5	10	5	—	—	—	用2m靠尺检查
高程	+5/−10	+0/−10	+20/−10	±20	+30/0	+30/0	—	—	—	—	—	—	用水准仪测量
厚度	±10	—	—	±15	±10	—	±15	±15	—	—	—	—	用尺检查

6.1.2　盖挖逆筑法施工，必须保持围护墙内土层的地下水位稳定在基底 0.5m 以下。

6.1.5　隧道结构围护墙和支承柱，在底板未封闭前，必须验算其承载力和稳定性，必要时应采取加强措施。

6.2.1　隧道结构围护墙采用钢筋混凝土灌注桩或地下连续墙时，位置必须正确，以线路中线为准，其允许偏差为：

  1　平面位置：

   1）支护桩：纵向±50mm、横向护$^{+30}_{0}$mm；

   2）地下连续墙$^{+30}_{0}$mm；

  2　垂直度 3‰。

6.3.3　钢筋混凝土顶、楼、底板和梁的土方开挖时，必须严格控制高程，并应夯填密实、平整，其允许偏差为：高程$^{+10}_{0}$mm；平整度 10mm，并在 1m 范围内不多于一处。

  如遇有软弱或渣土层时，应采取换填或其他加固措施。

6.3.4　隧道洞内每一结构层土方，应根据地质和结构断面尺寸分层、分段进行开挖，其开挖断面坡度必须符合设计规定，不得出现反坡。

6.3.5 隧道洞内土方在未完成相应层的隧道结构前，不得继续开挖下层土方。

7.1.2 隧道喷锚暗挖施工应充分利用围岩自承作用，开挖后及时施工初期支护结构并适时闭合，当开挖面围岩稳定时间不能满足初期支护结构施工时，应采取预加固措施。

7.2.4 竖井与通道、通道与正洞连接处，应采取加固措施。

7.3.12 注浆施工期间应对地下水取样检查，如有污染应采取措施。

7.3.13 注浆过程中浆液不得溢出地面及超出有效注浆范围。地面注浆结束后，注浆孔应封填密实。

7.4.3 爆破参数应依照浅孔、密布、弱爆、循序渐进的原则按表7.4.3选用，并必须经现场试爆后确定。

表7.4.3 爆破参数值

爆破类别	岩石种类	岩石单轴和抗压强度（MPa）	周边眼间距 E（mm）	周边眼抵抗线 W（mm）	周边眼密集系数 E/W	周边眼至内排崩落眼间距（mm）	装药集中度 q（g/m）
光面爆破	硬岩	>60	550～700	600～800	0.7～1.0	—	300～350
	中硬岩	30～60	450～650	600～800	0.7～1.0	—	200～300
	软岩	<30	350～500	450～600	0.5～0.8	—	70～120
预裂爆破	硬岩	>60	400～500	—	—	400	300～400
	中硬岩	30～60	400～450	—	—	400	200～250
	软岩	<30	350～400	—	—	350	70～120
预制光面层的爆破	硬岩	>60	600～700	700～800	0.7～1.0	—	200～300
	中硬岩	30～60	400～500	500～600	0.8～1.0	—	100～150
	软岩	<30	400～500	500～600	0.7～0.9	—	70～120

注：表列参数适用于炮眼深度1～1.5m，炮眼直径40～50mm，药卷直径20～25mm。

7.5.11 隧道开挖前应制定防坍塌方案，备好抢险物资，并在现场堆码整齐。

7.6.9 混合料应搅拌均匀并符合下列规定：

1 配合比：水泥与砂石重量比应取 1∶4～4.5。砂率应取 45%～55%，水灰比应取 0.4～0.45。速凝剂掺量应通过试验确定。

2 原材料称量允许偏差为：水泥和速凝剂±2%，砂石±3%。

3 运输和存放中严防受潮，大块石等杂物不得混入，装入喷射机前应过筛，混合料应随拌随用，存放时间不应超过 20min。

7.6.12 喷射混凝土 2h 后应养护，养护时间不应少于是 14d，当气温低于+5℃时，不得喷水养护。

7.6.18 锚杆应进行抗拔试验。同一批锚杆每 100 根应取一组试件，每组 3 根（不足 100 根也取 3 根），设计或材料变更时应另取试件。

同一批试件抗拔力的平均值不得小于设计锚固力，且同一批试件抗拔力最低值不应小于设计锚固力的 90%。

7.10.1 隧道施工应设双回路电源，并有可靠切断装置。照明线路电压在施工区域内不得大于 36V，成洞和施工区以外地段可用 220V。

7.10.3 隧道施工范围内必须有足够照明。交通要道、工作面和设备集中处并应设置安全照明。

7.10.4 动力照明的配电箱应封闭严密，不得乱接电源，应设专人管理并经常检查、维修和保养。

7.10.8 隧道施工应采用机械通风。当主风机满足不了需要时，应设置局部通风系统。

7.10.9 隧道内通风应满足各施工作业面需要的最大风量，风量应按每人每分钟供应新鲜空气 $3m^3$ 计算，风速为 0.12～0.25m/s。

7.10.12 隧道凿岩必须湿作业，装渣、放炮后必须喷雾洒水净化粉尘，喷射混凝土时必须采取防尘措施并定期测定粉尘和有害气体的浓度。

7.11.2 隧道结构竣工后，混凝土抗压强度和抗渗压力应符合设计要求，无露筋、漏振、露石。

8.1.3 盾构设备制造质量，必须符合设计要求，整机总装调试合格，并经现场试掘进50~100m距离合格后方可正式验收。

盾构及其部件吊运中，不得损坏和变形。

8.4.2 盾构掘进速度，应与地表控制的隆陷值、进出土量、正面土压平衡调整值及同步注浆等相协调。如停歇时间较长时，必须及时封闭正面土体。

8.4.3 盾构掘进中遇有下列情况之一时，应停止掘进，分析原因并采取措施：

1 盾构前方发生坍塌或遇有障碍；

2 盾构自转角度过大；

3 盾构位置偏离过大；

4 盾构推力较预计的增大；

5 可能发生危及管片防水、运输及注浆遇有故障等。

8.5.1 气压盾构的最低气压应满足工作面稳定和防止涌水的需要。遇有透水性强的地层且覆土厚度较小时，必须采取措施，保证安全。

8.5.5 气压盾构工作面应保持安全、卫生、空气新鲜，并符合劳动保护卫生要求。

8.8.2 钢筋混凝土管片拼装前应逐块对粘贴的防水密封条进行检查，拼装时不得损坏防水密封条。当隧道基本稳定后应及时进行嵌缝防水处理。

8.11.5 钢筋混凝土管片，每生产50环应抽查1块管片做检漏测试，连续三次达到检测标准，则改为每生产100环抽检1块管片，再连续三次达到检测标准，最终检测频率为每生产200环抽检1块管片做检漏测试。如果出现一次检测不达标，则恢复每生产 50 环抽查 1 块管片做检漏测试的最初检测频率，再按上述要求进行抽检。每套模具每生产 200 环做一组（3 环）水平拼装检验，其水平拼装检验标准应符合表 8.11.5 的规定。

表 8.11.5　钢筋混凝土管片水平拼装检验标准

项目	检验要求	检验方法	质量误差（mm）
环向缝间隙	每环测 6 点	插片	2
纵向缝间隙	每条缝测 3 点	插片	2
成环后内径	测 4 条（不放衬垫）	用钢卷尺	±2
成环后外径	测 4 条（不放衬垫）	用钢卷尺	−2～+6

9.2.3 防水混凝土配合比必须经试验确定。其抗渗等级应比设计要求提高 0.2MPa，并应符合下列规定：

1 每立方米混凝土的水泥用量不应低于 320kg，当掺活性粉细料时，不应低于 280kg；

2 水灰比宜小于 0.55，并不得大于 0.60；

3 砂率应为 35%～40%；

4 灰砂比应为 1∶2～1∶2.5；

5 坍落度应为 100～210mm；

6 掺引气剂或引气性减水剂时，混凝土含气量应控制在 3%～5%。

9.2.17 防水混凝土试件的留置组数，同一配合比时，每 100m³ 和 500m³（不足者也分别按 100m³ 和 500m³ 计）应分别做两组抗压强度和抗渗压力试件，其中一组在同条件下养护，另一组在标准条件下养护。

9.3.2 卷材防水层必须在基层面验收合格后方可铺贴，并在铺贴完毕经验收合格后及时施工保护层。

9.4.1 涂膜防水层应采用耐水、耐裂和耐腐蚀、无毒（或低毒）、刺激性小的合成高分子或高聚物改性沥青涂料。施工前应进行涂布试验，合格后方可正式施工。

9.4.2 涂膜防水层基层面必须坚实、平整、清洁，不得有渗水、结露、凸角、凹坑及起砂现象。采用油溶性或非湿固性涂料时，基层面应保持干燥。

10.1.5 路基采用土工布做渗滤和隔离层时，应根据设计选用材料，其铺设应符合下列规定：

1 铺设前应平整地基，不得有带尖角的杂物；

2 铺设应沿长度方向进行；

3 两幅隔离层应采用焊缝连接。两幅渗滤层搭接，在平面上后幅应压前幅，在斜坡和直墙上应上幅压下幅，其搭接长度不得小于300mm；

4 铺设完毕后应及时摊铺填料，并在300mm范围内不得采用机械碾压。

10.2.4 路堑应自上而下逐层开挖，严禁掏洞施工。

路堑边坡应边开挖边修理。边坡设防护时，应紧跟边坡开挖施工，否则，应暂留一层保护层，待施工护坡时再刷坡至设计位置。

10.3.5 沼泽地或杂填土地段的路堤应提前施工，对软土层、空洞及暗塘等，应按设计要求处理合格后方可进行填筑。

10.3.7 路堤雨季填筑施工应符合下列规定：

1 取、运、填、铺、压各工序应连续作业，逐段完成；

2 路堤周围应做好排水系统，傍山沿河地段，应采取防洪措施；

3 涵洞（管）和易翻浆或低洼地段应提前施工；

4 严禁在大、中雨或连阴雨天填筑非透水性填料；

5 路堤填筑应留横向排水坡度并应边填边压实。

10.3.9 路堤填筑应严格控制填料含水量，其碾压密实度检测应符合下列规定：

1 每层填筑按路基长度，每50m（也不大于1000m^2）取样一组，每组不应小于3个点，即路基中部和两边各1点。

2 遇有填料类别和特征有明显变化和对压实质量可疑处，应增加测点。

10.3.14 涵洞施工允许偏差应符合下列规定：

1 现浇或砌筑涵洞孔径为±20mm；

2 中线位移为±20mm；

3 结构厚度：混凝土或钢筋混凝土结构为±15mm；砌石结构为±20mm；

4 结构不平整度为：混凝土或钢筋混凝土结构15mm；砌石结构30mm；

5 变形缝直顺度为15mm。

11.1.4 钢筋混凝土高架桥施工时，应采取措施减少对城市正常生活秩序和交通干扰。

11.2.3 基坑上边缘临时堆土不得影响基坑开挖和坑壁稳定，其距基坑边缘不应小于基坑深度。

11.3.7 模板拆除时的混凝土强度应符合下列规定：

1 不承重结构侧模板不应小于2.5MPa；

2 跨度小于3m的板、梁不低于设计强度的50%。跨度大于3m的板、梁不低于设计强度的70%。

11.3.11 大跨度的简支梁或支架坐落在刚性不同基底上的连续梁或悬臂梁，混凝土灌注应采取下列措施之一：

1 混凝土掺缓凝剂并加速灌注，在最初灌注的混凝土初凝前灌注完毕；

2 对支架施加全部结构荷载，使其充分变形后随卸载随灌注混凝土；

3 以正负弯矩变换点附近分段，先灌注正弯矩区段。

11.3.14 混凝土强度未达到2.5MPa时，不得承受荷载。

11.3.16 混凝土抗压强度试件留置组数，同一配合比其基础和承台每150m^3制作一组，墩、台、柱、梁每100m^3制作一组；一次灌注混凝土不足以上规定者，亦应制作一组。

11.4.10 构件应在承重结构和构件本身混凝土分别达到设计强度的70%和100%时方可安装。

构件安装前应测放其位置，就位后应及时固定。

11.5.1 预应力混凝土不得掺氯盐、引气剂和引气型减水剂。其水泥用量不应超过 500kg/m³。

11.5.2 预应力混凝土结构采用的锚夹具应符合下列规定：

    1 类型应符合设计和预应力筋张拉的要求；

    2 产品必须有出厂合格证；3组合试验时的锚固力不应低于预应力筋标准抗拉强度的90%。

11.5.8 张拉机具应专人使用、管理和维护，定期校验。其校验期限不宜超过6个月或200次，其千斤顶使用中出现不正常现象或检修后均应重新校验。

11.5.24 预应力筋放张时的混凝土不应低于设计强度的70%。

11.5.27 波纹管孔道形成后应逐根检查，合格后方可进行下道工序施工。施工中严禁电火花损伤管道。

11.5.36 预制构件的孔道水泥浆达到设计强度的55%，并不低于20MPa时方可移运和吊装。

11.7.2 高架桥结构竣工验收时，其混凝土强度必须符合设计要求，无露筋、露石、裂缝、表面平整。

12.2.2 吊顶的吊挂件不得与设备管道及检修通道的吊挂件合用，也不得吊挂在管道或其他设备上。设备管道不得架设在吊顶龙骨上。

12.3.2 站厅（台）地面必须以轨道中线位置及高程为基准，测放其高程及站台侧面帽石外缘的位置，其允许偏差为：距离 0^{+3} mm，高程±3mm。

12.3.4 站台面设置的变形缝及检查人孔，其镶边角钢预埋件应与地面基层结合牢固、直顺、宽窄一致并与站台面齐平。变形缝的盖板条及检查孔盖板，表面应平整并与站台面相平。

13.1.4 钢轨焊接接头应按操作工艺规程施焊，并应进行超声波探伤和外观检查。

13.6.5 混凝土灌注终凝后应及时养护，其强度达到5MPa时方可拆除钢轨支撑架。

    混凝土未达到设计强度的70%时，道床上不得行驶车辆和承重。

13.8.2 整体道床竣工验收应符合下列规定：

　　1 混凝土强度应符合设计规定，并应无蜂窝、麻面和漏振。表面清洁，平整度允许偏差为3mm，变形缝直顺，在全长范围内允许偏差为10mm。

　　2 外露轨枕或短轨（岔）枕、接触轨预制底座的棱角应完整无损伤，预埋件位置正确。

　　3 水沟直（圆）顺；沟底坡与线路坡度一致并平顺，流水畅通，允许偏差为：位置±10mm，垂直度3mm。

13.8.6 整体道床轨道线路验收合格后应进行通车试验，其运行速度：第一次为15km/h，第二次为25km/h，第三次为45km/h，以后按设计速度运行，并在运行的头3d内复紧一次扣件螺栓。

14.6.5 扶梯桁架和电气设备金属外壳应与保护地线（PE线）可靠连接。

14.6.6 限速器、断链保护、断带保护等装置的联动开关及安全保护开关的安装与调整，均应符合产品技术文件的规定，其动作应准确，灵敏可靠。

14.7.1 自动扶梯安全保护装置应固定牢固，不得在运行中产生位移。

14.7.3 自动扶梯有下列情况之一时，应自动停止运行并发出报警信号：

　　1 无控制电压；

　　2 电路接地故障；

　　3 运行速度超过额定速度的1.2倍；

　　4 控制装置在超速和运行方向非操纵逆转下动作；

　　5 驱动链、牵引链和扶手带的断链与断带保护开关动作；

　　6 附加制动器动作；

　　7 梯级进入梳齿板处有异物卡住；

　　8 扶手带入口保护装置动作；

　　9 梯级下陷保护开关动作；

10 安全电路的断电器和保护电动机的断路器动作。

14.8.2 调整试验应符合下列规定：

1 驱动机构运行平稳，无振颤和异常声响。减速机不得漏油。空载运行时在高于上端梳齿板1m处所测得的噪音值不应大于65dB（A）。

2 在额定电压下，空载运行速度与额定速度允许偏差为±5%。

3 扶手带在正常运行中不应卡阻和脱离导轨，其运行速度相对于梯级运行速度的允许偏差为$^{+2}_{0}$%。

4 各类链条运行应符合本规范第14.3.6条的规定。

表14.8.2 自动扶梯空载和负载向下制动距离范围

额定速度(m/s)	制动距离范围(m)	额定速度(m/s)	制动距离范围(m)
0.50	0.20~1.00	0.75	0.35~1.50
0.65	0.30~1.30		

5 制动器制动时，停车应平稳。空载和负载的向下制动距离应符合表14.8.2的规定。

6 试运转中，操纵、联锁、制动等各种安全保护装置动作应灵敏、准确可靠。

14.8.4 扶梯应进行正、反两个方向的空载和负载运转。空载运转合格后，方可进行负载运转，并作出测试记录。

14.8.5 扶梯试运转时间：空载不得少于4h；负载不得小于2h。

15.1.7 预埋件的埋设应符合下列规定：

5 管路经过结构变形缝时的防护及金属管路的接地应符合设计规定。

15.2.8 电缆接续应符合下列要求：

1 铅套管不得变形、漏气，内外应光滑，干燥清洁；

2 芯线接续应牢固，线序正确，芯线套管排列应整齐、平直；

3 电缆接续不得有混线及断线；

　　4 电缆接头不宜设在电缆与障碍物交叉的位置；

　　5 绝缘电阻及电气绝缘强度应符合国家现行标准《铁路通信施工规范》TBJ 205 的规定；

　　6 聚乙烯绝缘与纸绝缘的电缆接续，应设气闭绝缘套管；

　　7 芯线接续长度及扭绞方向应一致，不得改变芯线原有的扭矩和对称性，并恢复屏蔽线对的原屏蔽层；

　　8 分歧尾巴电缆接入干线的端别与干线应一致；

　　9 灌制气闭后不得漏气；

　　10 芯线接续完毕，应填写接头卡片，并封焊在铅套管内；

　　11 充油电缆剖头应使用电缆清洗剂清洗干净，端盖与电缆护套上下盖应密封严密，护套内应灌满密封化合物，并不得渗漏，电缆内外护套应分别沟通。

15.3.7 高频（智能）开关电源设备的输入电源的相线和零线不得接错，其零线不得虚接或断开。

16.3.11 轨道电路区段内连接两钢轨的装置，其绝缘配件应齐全、完整，绝缘性能符合产品技术文件规定。

16.3.15 钢轨绝缘安装应符合下列规定：

　　1 轨道电路中相对的两绝缘节应对齐，不能对齐时，其错开距离不得大于 2.5m；

　　2 绝缘配件齐全并不应破损，紧固螺栓应拧紧。

16.3.16 无绝缘轨道电路安装，应符合下列规定：

　　1 轨道电路区段配置的短路棒、调谐单元、电缆和环线安装位置应符合设计规定；

　　2 连接线焊接应牢固。

17.2.4 高压柜、低压柜、直流开关柜、整流柜、电源柜等设备的基础型钢应与结构钢筋进行电气隔离，柜体的非带电金属部分应接地。

17.3.28 架空接触网设备安装的安全距离应符合下列规定：

　　1 架空接触网带电部分至车辆限界线的最小安全间隙

为115mm；

    2 架空接触网带电部分在静态时至建筑物及设备的最小安全距离为150mm；

    3 架空接触网设备安装后，受电弓与结构的最小安全间隙为150mm；

    4 架空接触网上配件的横向突出部分与受电弓最小安全间隙为15mm；

    5 隔离开关触头带电部分至顶部建筑物距离，不应小于500mm。

17.4.2 隧道行车段的配线，严禁采用粘接法施工。

17.4.6 动力箱、照明箱、电控箱（柜）的金属外壳应接地，接地线另一端应与变电所低压柜的接地线相接。

17.5.10 接地体和接地线的材质应符合设计规定；当设计无规定时，应采用铜质材料。

17.5.15 隧道内接地线与隧道外引入的接地线应采用螺栓连接，连接处的表面应按现行国家标准的规定处理。

17.6.3 强电回路应和弱电回路分开布线。

17.7.5 接触网送电前应检查并擦拭全部绝缘子，不合格者必须更换；绝缘电阻值应满足设计要求；隔离开关的分合闸位置应符合送电方案的规定，并拆除临时接地线。

17.7.7 接触网送电后，应在供电臂末端进行电压测试，合格后进行空载试验。空载运行1h无异常，再进行电动车组负载试验，并运行24h合格后方可进行试运行。

18.1.2 通风与空调工程所使用的材料应为不燃材料，并应具有防潮、防腐、防蛀的性能，或已达到上述性能要求的防护措施。

18.1.5 通风与空调工程施工中应与环境监控系统和消防监控系统配合，做好接口处理工作。

18.4.14 防火阀、排烟阀安装前应做检查，安装后应做动作试验，其动作应灵敏可靠，阀板关闭严密。

18.6.1 通风与空调系统安装完毕，系统交付使用前，必须进行系统的测定和调整。

18.7.1 通风与空调工程应在系统无负荷联合试运转合格后进行竣工验收。

19.1.6 消火栓安装位置应正确,启闭灵活,关闭严密,密封填料完好。

19.2.11 管道安装位置应正确,其允许偏差为:中心线±15mm,高程为±20mm。

19.2.12 管道支座混凝土达到设计强度后,方可进行水压试验。

19.3.3 设备仪表安装应符合下列规定:

1 压力表位置、高程、表盘朝向应便于观察及维修;

2 液压指示计或液位控制装置应指示正确,动作可靠,显示清晰。

19.4.1 工程验收应检查下列项目,并符合本章有关规定:

1 给水干管的中心位置及高程;

2 管道连接点或接口的严密性及支座位置和牢固性;

3 管道及附近防腐、保温和防杂散电流措施;

4 管道阀门启闭和仪表的灵敏度;

5 消火栓阀门位置及启闭、密封;

6 排水系统水泵设备运转性能。

三、《地铁工程施工安全评价标准》GB 50715—2011

4.3.13 (安全警示标志布置评价应符合下列规定:)

1 施工现场的危险部位及设施设备应设有明显的地面标识、警戒围栏或安全引导语等安全警示标志;进行高空作业、有限空作业等高危作业时,应布置明显的标识,并应显示工作状态。

4.3.16 (现场消防管理评价应符合下列规定:)

2 应对从事有火灾危险的作业人员在作业前进行技术交底。

5.1.8 (施工技术保障措施评价应符合下列规定:)

2 针对项目特点,制定专项施工方案,方案应经审批;超过一定规模的危险性较大分部分项工程安全技术方案应组织专家论证，并应有论证报告。

5.2.15 （基坑土方工程评价应符合下列规定：）

4 爆破作业应委托有资质的单位进行，应编制爆破作业专项案，方案应经专家论证并报有关部门批准后再实施。爆破器材应按有关规定进行管理使用，并应有记录。

5.2.16 （交通过渡防护评价应符合下列规定：）

4 基坑便桥应设置限载、限速和禁止超车、停车等标志，并应设置护栏。

5.3.4 （竖井及横通道施工评价应符合下列规定：）

4 井口应采取安全防护措施，上下井应建立登记管理制度，并应有详细记录。

5.3.12 （爆破作业评价应符合下列规定：）

3 爆破作业单位应有相应的资质，作业人员应有资格证书。

5.3.16 （临时设施与通风防尘评价应符合下列规定：）

2 现场临时用电设施应设置安全警示标志。

四、《地铁杂散电流腐蚀防护技术规程》CJJ 49—92

2.1.5 首末站在建站时必须保证在站内按最大铰接车辆的回转轨迹划定足够的回车道，道宽应不小于7m，在用地较困难的地方，城市规划和城市交通管理部门应安排利用就近街道回车。

2.1.6 首末站必须设有标志明显、严格分隔开的入口和出口，其使用宽度应不小于标准车宽的3～4倍. 若站外道路的车行道宽度小于14m时，进出口宽度应增加20%～25%。在出入口后退2m的通道中心。

2.1.9 首末站非铰接车的出入口宽度应不小于7.5m。

候车廊的建设规模，按廊宽3m规划。廊边应设置明显的站牌标志和发车显示装置，夜间廊内应有灯光照明。

候车廊的建筑式样、材料、颜色等各城市应根据本地的建筑特点统一设计建设，宜实用与外形美相结合。

2.1.17 枢纽站的建设必须统一规划设计，其总平面布置应确保车辆按路线分道有序行驶;在电、汽车都有的枢纽站,应特别布置好电车的避让线网和越车通道。

2.4.3 渡轮站必须选在水位落差最大时也能使用、两岸坡度比较平缓的地方。

2.4.5 渡轮站应按港章规定,两边有 30~50m 的船只活动水域。最低这一水域应不小于20m。港务和航道部门应在措施上保证这一规定的实施。

2.4.12 在多雾的城市,轮渡应有雾航设施。

2.4.17 渡轮站进出口的尺寸应根据客运量的大小具体确定。日客运量在1万人次以下的,进出口宽度应不小于5m;日客运量在1~3万人次的,进口宽度应不小于6m、出口宽度应不小于8m;日客运量在3~5万人次的,进口宽度应不小于8m、出口宽度应不小于10m;日客运量在5~10万人次的,进口宽度应不小于10m、出口宽度应不小于12m;日客运量在10万人次以上的,进、出口宽度照此类加。

3.0.3 电腐蚀危险性的直接定量指标漏泄电流密度,其允许值应符合表3.0.3的规定。

表3.0.3 地铁结构允许漏泄电流密度

材料与结构	允许漏泄电流密度（mA/cm^3）
生 铁	0.75
混凝土结构中的钢筋	0.60
钢结构	0.15

注:1 表中所列为列车运行高峰时的1h平均值;
  2 漏泄电流密度的计算方法见附录二。

4.1.3 在正常运行情况下,地铁接触网应实行双边供电。馈电区间两侧牵引变电站直流母线上的空载电压值应保持一致,不应出现越区供电现象。

4.1.4 不得从一个牵引变电站向不同的地铁线实行牵引供电。

4.1.8 地铁车辆段中的牵引供电网，应具有来自本段牵引变电站的主电源及来自正线的备用牵引电源。在两电源的接合处，接触网和回流轨应分别实现电气分断并分别装设相应的断路器与隔离开关，两者应能实现同步操作。

4.2.1 兼用作回流的地铁走行轨与隧洞主体结构（或大地）之间的过渡电阻值（按闭塞区间分段进行测量并换算为 1km 长度的电阻值），对于新建线路不应小于 $15\Omega \cdot km$。

4.2.2 木质轨枕必须先用绝缘防腐剂进行防腐处理。枕木的端面和螺纹道钉孔，必须经过绝缘处理，或设置专门的绝缘。螺纹道钉孔不应贯通，轨底部与道床之间的间隙值不得小于 30mm。

4.2.4 走行轨回路中的扼流变压器、道岔等与线路的路基，路面混凝土及主体结构之间，应具有良好的绝缘。道岔转撤装置控制电缆的金属外铠装与道岔本体之间亦应具有良好绝缘。扼流变压器的塑料连接电缆、股道间均流线用塑料电缆的绝缘要求，应与负回流电缆相同。

4.2.6 地铁隧洞内及沿线的各种金属设施和设备、临时存放洞内的钢轨、备用材料及设备等与走行轨之间不得有金属连接。

4.2.8 地铁线路的结构，应能保证道床、线路上部建筑及轨道不受水流和积水的浸蚀，不污染。隧洞结构不得漏水和积水，且应具有良好的排水系统。严禁采用直排废水入隧洞的设计与运行方式。

4.2.14 地铁走行轨的下述部位，应实现电气隔离：

一、所有的电气化与非电气化区段之间；

二、地铁的运行线路与正在建设的线路区段之间；

三、地铁与地面铁道线路之间；

四、尽头线每条轨道的车档装置与电气化轨道之间。

5.1.1 结合工程的具体情况，应将地铁主体结构沿纵向分为若干结构段，相邻的结构段之间应绝缘。每个结构段内部的主钢筋，实现可靠焊接，在结构段两端的变形缝或沉降缝处附近，应按设计要求焊接引出杂散电流测防端子。

5.2.1 敷设在地铁沿线的电力、通讯及控制测量电缆,应采用防水绝缘护套的双塑电缆。

5.2.5 所有通向地铁隧洞外部的电缆和管道,必须装有绝缘接头或绝缘法兰,并应装设在地铁中的干燥和可以接近的部位,以便于进行观察和检测。上述电缆及管道结构位于绝缘法兰至穿越部位的区段应与周围的结构绝缘。

5.3.1 地铁与城市管网相连接的电缆和水管线,在其离开车辆段的部位,应设置绝缘接头、绝缘套管或绝缘法兰。

5.3.2 在地铁车辆段范围内,直接埋设在地中的金属管线,应具有双倍加强的绝缘保护层,必要时,经过论证可采用阴极保护或保护阳极等防护方法。

6.1.1 地铁沿线应设置专用的防蚀监测点。

6.2.2 在有绝缘轨道电路的线路上,监测点应设在距轨道扼流变压器10m以内处。在采用无绝缘轨道电路的线路上,监测点的设置应与走行轨分断点配合。

五、《地铁限界标准》CJJ 96—2003

1.0.4 在新建或续建工程中,必须遵守本标准的各种限界的计算规定。当选用与本标准不同的车辆和轨道参数时,应进行车辆限界核算,并不得超过本标准的车辆限界,同时应符合本标准的设备限界和建筑限界。

六、《城市轨道交通技术规范》GB 50490—2009

1.0.1 为贯彻执行国家技术经济政策,规范城市轨道交通的基本功能和技术要求,依据有关法律、法规,制定本规范。

1.0.2 本规范适用于城市轨道交通的建设和运营。本规范不适用于高速磁浮系统的建设和运营。

1.0.3 城市轨道交通的建设和运营应满足安全、卫生、环境保护和资源节约的要求,并应做到以人为本、技术成熟、经济适用。

1.0.4 城市轨道交通应经验收合格后,才可投入使用。
1.0.5 本规范是城市轨道交通建设和运营的基本要求,城市轨道交通的建设和运营,尚应符合法律、法规和有关标准的规定。
2.0.1 城市轨道交通 Urban rail transit
采用专用轨道导向运行的城市公共客运交通系统,包括地铁系统、轻轨系统、单轨系统、有轨电车、磁浮系统、自动导向轨道系统、市域快速轨道系统。
2.0.2 建设 Construction
新建、改建和扩建城市轨道交通工程项目的规划、可行性研究、勘察设计、施工安装、调试验收和试运行,包括车辆和机电设备的采购、制造。
2.0.3 运营 Operation
为实现安全有效运送乘客而有组织开展的各种活动的总称。
3.0.1 城市轨道交通规划应符合城市总体规划和城市综合交通规划。
3.0.2 城市轨道交通规划应明确城市轨道交通的功能定位、与其他交通方式的关系、发展模式和不同规划期的发展目标,提出网络规划布局以及线路和设施等用地的规划控制要求。
3.0.3 城市轨道交通的建设和运营应以乘客需求为目标,应做到资源共享和方便乘客使用。
3.0.4 城市轨道交通在设计使用年限内,应确保正常使用时的安全性、可靠性、可用性、可维护性的要求。
3.0.5 城市轨道交通应采用质量合格并符合要求的材料与设备。
3.0.6 城市轨道交通应具有消防安全性能,应配备必要的消防设施,应具备乘客和相关人员安全疏散及方便救援的条件。
3.0.7 城市轨道交通应采取有效的防淹、防雪、防滑、防风雨、防雷等防止自然灾害侵害的措施。
3.0.8 车辆和机电设备应满足电磁兼容要求,投入使用前,应经过电磁兼容测试并验收合格。
3.0.9 供乘客自行操作的设备,应易于识别,并应设在便于操作的位置；当乘客使用或操作不当时，不应导致危及乘客安全和设备正常工作的事件发生。

3.0.10 车辆、车站及相应设施，应符合乘轮椅者、拄盲杖者及使用助行器者的通行与使用要求。

3.0.11 全封闭运行的城市轨道交通车站应设置公共厕所。

3.0.12 城市轨道交通的建设和运营应确保相邻建（构）筑物的安全，必要时应进行拆迁或采取安全保护措施。

3.0.13 城市轨道交通应明示禁入区域，并应设置阻挡外界人、物进入禁入区域的防范设施。

3.0.14 车站附近应配套建设与其他交通方式的衔接设施。配套衔接设施的项目、规模应与需求相适应，并应与城市轨道交通统一规划、同期建设。

3.0.15 城市轨道交通的地下工程应兼顾人防要求。

3.0.16 城市轨道交通应根据环境影响评价结果采取有效的环境保护措施。

3.0.17 需要配套建设的环境保护设施，应与城市轨道交通同步设计、同期施工、同时投入使用。运营单位应保障环境保护设施的持续有效使用。

3.0.18 城市轨道交通试运行期间，建设单位应当对环境保护设施运行情况和城市轨道交通对环境的影响进行监测，并根据需要采取必要的环保补救措施。

3.0.19 城市轨道交通的建设和运营应满足文物保护的要求。

3.0.20 城市轨道交通建成后应同时具备以下条件方可投入载客运营：

    1 不载客试运行的时间不少于 3 个月。

    2 运营单位具备安全运营的规章制度，人员到位、持证上岗。

    3 符合本规范要求并验收合格。

3.0.21 城市轨道交通的运营状态应包括正常运营状态、非正常运营状态和紧急运营状态。运营应在能够保证乘客和所有使用该系统的人员以及设施、设备安全的情况下实施。

3.0.22 城市轨道交通的设施及设备应进行有效的维修,确保其处于安全、可靠和正常的状态。

3.0.23 在发生故障、事故或灾难的情况下,运营单位应迅速采取有效的措施或依据应急预案进行处置。

3.0.24 既有城市轨道交通达到设计使用年限或遭遇重大灾害后,当需要继续使用时,应进行技术鉴定,并应根据技术鉴定结论进行处理。

4.1.1 列车运行应统一调度指挥。

4.1.2 除有轨电车外的城市轨道交通应采用技术手段实现列车安全运行防护;有轨电车允许通过司机瞭望保证行车安全。

4.1.3 在运营期间,线路上的列车最高运行速度应满足下列要求:

 1 不应大于设计允许的最高速度。

 2 有轨电车在道路上与其他交通方式混合运行时,不应超过道路交通法规规定的最高行驶速度。

 3 在站台计算长度范围内,当不设站台屏蔽门时,越站列车实际运行速度不应大于 40km/h。

4.1.4 列车在营运时段正常运行时,最大运行间隔不应大于 10min。

4.1.5 站后折返运行的列车,应在折返站清客后才能进入折返线。

4.1.6 当列车在运行中发生不能保障安全运行的故障时,在故障列车退出运营前,应首先选择在车站清空乘客。

4.1.7 在正常运行状态下,应确认列车在车站停止时,才能开启车门;列车启动前,应通过目视或技术手段确认车门关闭。

4.1.8 当采用无人驾驶运行模式时,应满足下列要求:

 1 应能根据运营需求实现车辆基地无人驾驶区域、车辆出入线、正线和折返线的无人驾驶运行。

 2 客室内应设置乘客与控制中心或控制室的通信联络装置,

实现值守人员与乘客的双向语音通信，值守人员与乘客通话应具有最高优先权。

  3 车站应设站台屏蔽门；并应能通过电视监视各站台屏蔽门区域。

4.2.1 城市轨道交通应具备不同运营状态下的客运管理模式，并应设置相应的服务设施。

4.2.2 运营单位应以安全、准时、便捷、文明为目标，为乘客提供持续改进的服务。

4.2.3 城市轨道交通应设置完善的服务标志、乘客信息系统，为乘客提供规范、有效、及时的信息。

4.2.4 运营单位应向残障乘客提供必要的服务。

4.2.5 运营单位应制定相应的规章制度，建立服务质量管理体系。

4.2.6 运营单位应向乘客明示其服务的内容、责任、义务、服务质量和乘车安全要求、乘车常识。

4.3.1 维修应满足下列要求：

  1 土建设施、车辆和机电设备的维修应包含维护、检查和检修，应包括可能对安全运行产生影响的所有部件或设施。

  2 维修人员应经过专业培训，考核合格，持证上岗。

  3 应根据运行特点、设施和设备的条件，制定相应的维修规程，并应遵循安全、节能、环保、经济的原则，逐步优化维修规程。

4.3.2 维修管理应符合下列规定：

  1 维修管理与配置的维修设施应符合产品维修手册和设计要求。

  2 维修时间间隔、维修内容及相关的变更，应经相关程序审定。

  3 维修应有记录，维修记录与有关文件应一并存档备案。

  4 维护记录应保存至下一次维修开始或至少 3 年时间；检查及检修记录应保存至土建设施或运营设备的使用期限终止。

4.4.1 车辆基地的设置应满足行车、维修和应急抢修需要。

4.4.2 车辆基地应有完善的运输和消防道路，并应有不少于2个与外界道路相连通的出入口；总平面布置、房屋建筑和材料、设备的选用等应满足消防要求。

4.4.3 车辆基地应具备良好的排水系统，并应满足防洪、防淹要求。

4.4.4 车辆基地中的危险品应有单独隔离的存放区域，与其他建筑物的安全距离应满足安全要求。

5.1.1 在车辆寿命周期内，车辆应满足正常运行时的行车安全和人身安全要求，同时应具备故障、事故和灾难情况下方便救援的条件。

5.1.2 车辆及其内部设施应采用不燃材料或低烟、无卤的阻燃材料。

5.1.3 车辆应采取减振防噪措施，减小车辆噪声和对环境的有害影响。

5.1.4 新设计的车辆或经过重大技术改造的首列（辆）车应进行型式试验。

5.2.1 在车辆寿命周期内，车体应能够承受各种静态、动态荷载而不产生永久变形、断裂和疲劳失效；车体应有足够的刚度，应满足维修和复轨的要求。新设计的车辆或车辆经过改造对车体强度有影响时，应进行车体静强度试验。

5.2.2 车门有效净高度不应低于1.80m；自地板面计算，坐椅安装处的客室有效净空高度不应低于1.70m。

5.2.3 客室侧门应具备下列功能：

1 能单独开闭和锁闭；在站台设有屏蔽门时，能与屏蔽门联动开闭。

2 列车运行时能可靠锁闭。

3 能对单个车门进行隔离。

4 在列车收到开门信号时才能正常打开。

5 在紧急情况下，乘客能手动解锁开门。

5.2.4 客室内应设扶手；在列车运行时，车辆连接处应采取保障乘客安全的措施。

5.2.5 客室车窗的结构应防止乘客在无意识状态下身体任何部位伸出窗外；车窗玻璃应为安全玻璃。

5.2.6 客室地板应防滑；客室结构、过道处不应有尖角或突出物。

5.3.1 列车应具有既独立又相互协调配合的电气、摩擦制动系统，并应保证车辆在各种运行状态下所需的制动力。

5.3.2 当电气制动出现故障丧失制动能力时，摩擦制动系统应能自动投入使用，并应保证所需的制动力；列车应具备停放制动功能，并应保证列车在超员载荷工况下停在最大坡道时不发生溜车。

5.3.3 与道路交通混合运行的列车（车辆）还应具备：

　1 独立于轮轨粘着制动功能之外的制动系统。

　2 用于粘着制动系统的撒砂装置。

5.3.4 当列车发生分离事故时，应能自动实施紧急制动。

5.3.5 当客室侧门未全部关闭时，列车应不能正常启动。

5.3.6 列车应具备下列故障运行的能力：

　1 在定员载荷工况下，当列车丧失 1/4 动力时，应能维持运行到终点。

　2 在定员载荷工况下，当列车丧失 1/2 动力时，应具有在正线最大坡道上启动和运行到最近车站的能力。

　3 一列空载列车应能在正线最大坡道上推送一列故障的定员载荷工况下的列车至最近车站。

5.3.7 牵引与制动的控制应符合下列要求：

　1 制动指令应优先于牵引指令。

　2 牵引及制动力变化时的冲击率应符合人体对加、减速度变化的适应性。

5.3.8 列车应设置独立的紧急制动按钮，在牵引制动主手柄上应设置警惕按钮。

5.3.9 当列车一个辅助逆变器丧失供电能力时,剩余列车辅助逆变器的容量应满足涉及行车安全的列车基本负载的供电要求。

5.4.1 车辆应设置蓄电池,其容量应满足紧急状态下车门控制、应急照明、外部照明、车载安全设备、广播、通信、信号、应急通风等系统的供电要求。用于地下运行的车辆,蓄电池容量应保证供电时间不小于 45min;用于地面或高架线路运行的车辆,蓄电池容量应保证供电时间不小于 30min。

5.4.2 车辆内所有电气设备应有可靠的保护接地措施。

5.4.3 与道路交通混行的列车,应具备满足道路交通法规要求的前照灯、示宽灯、方向指示灯、尾灯和后视镜。

5.4.4 客室及司机室应根据需要设置通风、空调和采暖设施,并应符合下列要求:

1 当仅设有机械通风装置时,客室内人均供风量不应少于 $20m^3/h$(按定员载荷计)。

2 当采用空调系统时,客室内人均新风量不应少于 $10m^3/h$(按定员载荷计);司机室人均新风量不应少于 $30m^3/h$。

3 列车应设紧急通风装置。

4 采暖系统应确保消防安全,采用电加热器时应有超温保护功能,电加热器不应对乘客造成伤害。

5.4.5 车辆至少应设置一处供轮椅停放的位置,并应有固定轮椅的装置;在车辆及车站站台的相应位置应有明显的指示标志。

5.4.6 车辆应设有应急照明。

5.4.7 车辆应具备下列通信设施和功能:

1 广播报站和应急广播服务。

2 司机与车站控制室、控制中心的通话设备。

3 乘客与司机直接联系的通话设备。

4 在无人驾驶模式中,乘客与控制中心联系的通信系统。

5 紧急通信优先。

5.4.8 车辆上应具备下列应急设施或功能:

1 司机室应至少设置 1 具灭火器;每个客室应至少设置 2

具灭火器。

2 地下运行的编组列车，各车辆之间应贯通；当不设置纵向疏散平台时，列车两端应有应急疏散条件和相应设施。

3 与道路交通混行的列车（车辆）应配备警示三角牌。

4 单轨列车的客室车门应配备缓降装置；列车应能实施纵向救援和横向救援。

5 无人驾驶的列车应配备人工操控列车的相关设备。

6.0.1 城市轨道交通应根据不同车辆和规定的运行工况，确定相应的车辆限界、设备限界和建筑限界。

6.0.2 轨行区土建工程和机电设备的设置应符合相应的限界要求。列车（车辆）在各种运行状态下，不应发生列车（车辆）与列车（车辆）、列车（车辆）与轨行区内任何固定的或可移动物体之间的接触。

6.0.3 当采用顶部架空接触网授电时，建筑限界高度应按受电弓工作高度和接触网系统结构高度计算确定；当采用侧向接触网或接触轨授电时，建筑限界高度应按设备限界高度加不小于200mm的安全间隙计算确定。

6.0.4 建筑限界宽度应符合下列规定：

1 对双线区间，当两线间无建（构）筑物时，两条线设备限界之间的安全间隙不应小于100mm。

2 对单线地下区间，当无构筑物或设备时，隧道结构与设备限界之间的距离不应小于100mm；当有构筑物或设备时，设备限界与构筑物或设备之间的安全间隙不应小于50mm。

3 对高架区间，设备限界与建（构）筑物之间的安全间隙不应小于50mm；当采用接触轨授电时，还应满足受流器与轨旁设备之间电气安全距离的要求。

4 当地面线外侧设置防护栏杆、接触网支柱等构筑物时，应保证与设备限界之间有足够的设备安装空间。

5 人防隔断门、防淹门的建筑限界与设备限界在宽度方向的安全间隙不应小于100mm。

6.0.5 车站站台不应侵入车辆限界；直线车站站台边缘与车厢地板面高度处车辆轮廓线的水平间隙不应大于100mm，曲线车站站台边缘与车厢地板面高度处车辆轮廓线的水平间隙不应大于180mm。

6.0.6 在任何工况下，车站站台面的高度均不得高于车辆客室地板面的高度；在空车静止状态下，二者高差不应大于50mm。

6.0.7 站台屏蔽门不应侵入车辆限界，直线车站时，站台屏蔽门与车体最宽处的间隙不应大于130mm。

6.0.8 区间内的纵向应急疏散平台应在设备限界外侧设置，建筑限界应包容通道所必需的净空尺寸。

6.0.9 线路上运行的其他车辆均不应超出所运行线路的车辆限界。

7.1.1 线路的敷设和封闭方式应根据沿线的土地利用规划、自然条件、环境保护及其功能定位综合确定。

7.1.2 全封闭运行的城市轨道交通线路与道路相交时，应采用立体交叉方式；部分封闭运行的城市轨道交通线路，应经过交通组织和通过能力核算，并设置相应的安全防护措施后，才允许与道路采用平面交叉方式。

7.1.3 全封闭运行的城市轨道交通，正线（含支线）之间的接轨点应选择在车站，在进站方向应设置平行进路；当车辆基地的出入线与正线的接轨点不选择在车站时，应经过行车组织和通过能力核算，并应设置相应的安全防护措施。

7.1.4 正线线路的平面曲线和纵向坡度设置应保证列车运行安全，应与列车的性能参数相匹配，应与设计的列车运行速度相适应，并应满足运营和救援的要求。

7.1.5 线路辅助线的设置应确保运营及救援的需要。

7.2.1 轨道结构应具有足够的强度、稳定性、耐久性和适当的弹性，应保证列车运行平稳、安全，并应满足减振、降噪的要求。

7.2.2 钢轮-钢轨系统轨道的标准轨距应采用1435mm。

7.2.3 钢轮-钢轨系统钢轨的断面及轨底坡应与轮缘踏面相匹配,并应保证对运行列车具有足够的支承强度、刚度和良好的导向作用。

7.2.4 跨座式单轨系统的轨道梁应具有足够的竖向、横向和抗扭刚度,应保证结构的整体性和稳定性,并应满足列车走行轮、导向轮和稳定轮的走行要求以及其他相关系统的安装要求。

7.2.5 钢轮-钢轨系统正线曲线段轨道应根据列车运行速度设置超高,允许未被平衡的横向加速度不应超过 $0.4m/s^2$,且最大超高应满足列车静止状态下的横向稳定要求。车站内曲线超高不应超过 15mm,允许未被平衡的横向加速度不应超过 $0.3m/s$。

7.2.6 轨道尽端应设置车挡。设在正线、折返线和车辆试车线的车挡应能承受列车以 15km/h 速度撞击时的冲击荷载。

7.2.7 轨道道岔结构应安全可靠,并应与列车运行安全相适应。

7.2.8 区间线路的轨道中心道床面或轨道旁,应设有逃生、救援的应急通道,应急通道的最小宽度不应小于 550mm。

7.2.9 当利用走行轨做牵引网回流时,轨道应进行绝缘处理,并应防止杂散电流扩散。

7.2.10 轨道路基应具有足够的强度、稳定性和耐久性,并应满足防洪、防涝的要求。

7.3.1 车站应满足预测客流的需求,应保证乘降安全、疏导迅速、布置紧凑、便于管理,并应具有良好的通风、照明、卫生、防灾等设施,为乘客提供安全的候车、乘车环境。

7.3.2 车站的站厅、站台、出入口通道、人行楼梯、自动扶梯、售检票口(机)等部位的规模应与通过能力相互匹配。当发生事故或灾难时,应保证将一列进站列车的预测最大载客量以及站台上的候车乘客在 6min 内全部撤离到安全区。

7.3.3 除有轨电车系统外,车站站台和乘降区的最小宽度应满足下列规定:

1 对岛式站台车站,站台乘降区(侧站台)2.5m。

2 对侧式站台车站,当平行于线路方向设置楼梯时,侧式站台的乘降区（侧站台）2.5m；当垂直于侧站台设置楼梯时，侧式站台的乘降区（侧站台）3.5m。

  3 当站台计算长度小于100m，且楼梯和自动扶梯设置在站台计算长度以外时，岛式站台5m，侧式站台3.5m。

  4 设有站台屏蔽门的地面车站、高架车站的侧站台2m。

7.3.4 站台应设置足够数量的进出站通道、楼梯或自动扶梯，同时应满足站台计算长度内任一点距通道口或梯口的距离不大于50m。

7.3.5 楼梯和通道的最小宽度应符合下列规定：

  1 天桥或通道2.4m。

  2 单向公共区人行楼梯1.8m。

  3 双向公共区人行楼梯2.4m。

  4 消防专用楼梯和站台至轨行区的工作梯1.1m。

7.3.6 当车站出入口的提升高度超过6m时，应设置上行自动扶梯；当车站出入口的提升高度超过12m时，应设置上行和下行自动扶梯。站厅与站台间应设置上行自动扶梯，当高差超过6m时，应设置上行和下行自动扶梯。当上行和下行全部采用自动扶梯时，应加设人行楼梯或备用自动扶梯。

7.3.7 在车站付费区与非付费区之间的隔离栅栏上，应设置栅栏门；检票口和栅栏门的总通行能力应满足乘客安全疏散的需要。

7.3.8 车站应至少设置一处无障碍检票通道，通道净宽不应小于900mm。

7.3.9 当车站不设站台屏蔽门时，站台边缘应设置醒目的安全线。

7.3.10 地下车站的站台、站厅疏散区和通道内不得设置任何商业设施。

7.3.11 地面车站和高架车站应与相邻建筑物保持安全的防火间距，并应设置消防车通道。

7.3.12 地下车站的风亭（井）应防止气流短路，并应符合环境保护要求。

7.3.13 车站内的顶棚、墙面、地坪的装饰应采用 A 级材料；当使用架空地板时，不应低于 B_1 级材料；车站公共区内的广告灯箱、休息椅、电话亭、售（检）票机等固定服务设施的材料应采用低烟、无卤的阻燃材料。地面材料应防滑耐磨；当使用玻璃材料时，应采用安全玻璃。

7.3.14 地下工程、出入口通道、风井的耐火等级应为一级；出入口地面建筑、地面车站、高架车站及高架区间结构的耐火等级不应低于二级。

7.3.15 控制中心建筑的耐火等级应为一级；当控制中心与其他建筑合建时，应设置独立的进出通道。

7.3.16 地下车站站台和站厅公共区应划为一个防火分区，其他部位每个防火分区的最大允许使用面积不应大于 $1500m^2$；地上车站不应大于 $2500m^2$；两个相邻防火分区之间应采用耐火极限不低于 3h 的防火墙分隔，防火墙上的门应采用甲级防火门。与车站相接的商业设施等公共场所，应单独划分防火分区。

7.3.17 消防专用通道应设置在含有车站控制室等主要管理用房的防火分区内，并应能到达地下车站各层；当地下车站超过 3 层（含 3 层）时，消防专用通道应设置为防烟楼梯间。

7.3.18 在地下换乘车站公共区的下列部位，应采取防火分隔措施：

 1 上下层平行站台换乘车站：下层站台穿越上层站台时的穿越部分；上、下层站台联络梯处。

 2 多线同层站台平行换乘车站：站台与站台之间。

 3 多线点式换乘车站：换乘通道或换乘梯。

 4 多线换乘车站共用一个站厅公共区，且面积超过单线标准车站站厅公共区面积 2.5 倍时，应通过消防性能化设计分析，采取必要的消防措施。

7.3.19 车站出入口的设置应满足进出站客流和应急疏散的需要，并应符合下列规定：

1 车站应设置不少于 2 个直通地面的出入口。

2 地下一层侧式站台车站,每侧站台不应少于 2 个出入口。

3 地下车站有人值守的设备和管理用房区域,安全出口的数量不应少于 2 个,其中 1 个安全出口应为直通地面的消防专用通道。

4 对地下车站无人值守的设备和管理用房区域,应至少设置一个与相邻防火分区相通的防火门作为安全出口。

5 当出入口同方向设置时,两个出入口间的净距不应小于 10m。

6 竖井爬梯、垂直电梯以及设在两侧式站台之间的过轨联络地道不得作为安全出口。

7 出入口的台阶或坡道末端至道路各类车行道的距离,不应小于 3m。

8 地下车站出入口的地坪标高应高出室外地坪,并应满足站专业区域防淹要求。

7.3.20 当地下出入口通道长度超过 100m 时,应采取措施满足消防疏散要求。

7.3.21 换乘通道、换乘楼梯(含自动扶梯)应满足预测高峰时段换乘客流的需要;当发生火灾时,设置在该部位的防火卷帘应能自动落下。

7.3.22 两条单线区间隧道之间应设置联络通道,相邻两个联络通道之间的距离不应大于 600m;联络通道内应设置甲级防火门。

7.3.23 当区间隧道设中间风井时,井内或就近应设置直通地面的防烟楼梯。

7.3.24 高架区间疏散通道应符合下列规定:

1 当高架区间利用道床做应急疏散通道时,列车应具备应急疏散条件和相应设施。

2 对跨座式单轨及磁浮系统的高架区间,应设置纵向应急疏散平台。

7.3.25 跨座式单轨系统车站应设置站台屏蔽门;高架车站行车

轨道区底部应封闭。

7.3.26 车站的站厅和站台公共区、自动扶梯、自动人行步道和楼梯口、疏散通道及安全出口、区间隧道、配电室、车站控制室、消防泵房、防排烟机房以及在发生火灾时仍需坚持工作的其他房间，应设置应急照明。

7.3.27 车站的站台、站厅公共区、自动扶梯、疏散通道、安全出口、楼梯转角等处应设置灯光或蓄光型疏散指示标志；区间隧道应设置可控制指示方向的疏散指示标志。

7.4.1 城市轨道交通应根据线路沿线的工程地质、水文地质、气候条件、地形环境、荷载特性、施工工艺等要求，通过技术经济、环境影响和使用功能等方面的综合评价，选择安全可靠、经济合理的结构形式。

7.4.2 主体结构工程的设计使用年限应为 100 年；车辆基地及其他房屋建筑的设计使用年限应为 50 年。

7.4.3 结构净空尺寸应满足建筑限界、使用功能及施工工艺等要求，并应考虑施工误差、结构变形和后期沉降的影响。

7.4.4 当高架结构与公路、铁路立交或跨越河流时，桥下净空应满足相应的行车、排洪、通航的要求。

7.4.5 结构工程的材料应根据结构类型、受力条件、使用要求和所处环境等选用，并应满足结构对材料的安全性、耐久性、可靠性、经济性和可维护性的要求。

7.4.6 当高架结构的墩柱有可能受机动车、船舶等撞击时，应设防止墩柱受撞击的保护设施。

7.4.7 工程抗震设防烈度应根据相关部门批准的地震安全性评价结果确定。

7.4.8 结构工程应按相关部门批准的地质灾害评价结论，采取相应的措施，确保结构和运营安全。

7.4.9 对有战时防护功能要求的地下结构，应在规定的设防部位按批准的人防抗力标准进行结构检算，并应设置相应的防护设施，满足平战转换要求；当与既有线路连通或上跨、下穿既有线路时，尚应保证不降低各自的防护能力。

7.4.10 采用直流供电和走行轨回流的结构工程，应采取防止杂散电流腐蚀的措施。

7.4.11 地下结构的防水措施应根据气候条件、工程地质和水文地质状况、结构特点、施工方法、使用要求等因素确定，应保证结构的安全性、耐久性和正常使用要求。

7.4.12 地下结构防水等级应符合下列规定：

1 地下车站、机电设备集中区段的结构防水等级应为一级。

2 区间隧道、连接通道等附属隧道结构防水等级应为二级。

8.1.1 牵引供电系统，应急照明，通信、信号、自动售检票、消防用电设备，与防烟、排烟和事故通风有关的用电设备应为一级负荷。

8.1.2 供电系统应具有完备的继电保护和自动装置。

8.1.3 供电系统注入公共电网系统的谐波含量值，不应超过允许范围。

8.1.4 直流牵引供电系统的电气安全防护措施应与减少杂散电流的措施相协调；当出现矛盾时，电气安全防护措施应优先。

8.1.5 在直流牵引供电系统中，除出于安全考虑外，变电所的接地系统和回流回路之间不应直接连接。

8.1.6 供电系统应由电力监控系统实现远程监控。

8.1.7 各变电所的两路进线电源中，每路进线电源的容量应满足变电所全部一、二级负荷的供电要求。

8.1.8 地面变电所应避开易燃、易爆、有腐蚀性气体等影响电气设备安全运行的场所。

8.1.9 当变电所配电装置的长度大于6m时，其柜（屏）后通道应设2个出口；当低压配电装置的2个出口间的距离超过15m时，应增加通道出口。

8.1.10 在地下使用的电气设备及材料，应选用低损耗、低噪声、防潮、无自爆、低烟、无卤、阻燃或耐火的定型产品。

8.1.11 接触网应满足下列要求：

1 接触网应能可靠地向列车馈电,并应满足列车的最高行驶速度要求。

2 接触网应适当分段,并应满足行车和检修的要求。

3 接触网应设置过电压保护装置。所有与大地不绝缘的裸露导体应接至接地极,不应直接接至或通过电压限制装置接至回流回路。

4 架空接触网应具备防止由于接触线断线而扩大事故的措施。

5 接触轨应设防护罩。

8.1.12 牵引回流与杂散电流防护应满足下列要求:

1 在直流牵引供电系统中,回流电缆应对地绝缘。所有回流用的导体应保证电气和机械性能可靠,相关的连接件应做到不使用专用工具不能移动。

2 连接牵引变电所与回流轨间的回流电缆应至少有2个回路,并且当有1个回路的电缆发生故障时也应能满足回流的要求。

3 当采用走行轨作为回流轨时,应采取有效措施减少回流轨的纵向电阻,并应确保与大地间具有良好的绝缘水平。

4 在正常运营条件下,正线回流轨与地间的电压不应超过DC90V,车辆基地回流轨与地间的电压不应超过DC60V;当瞬时超过时应有可靠的安全保护措施。

5 在隧道入口,电缆的金属外护套及各种金属管道应与隧道内的各系统设备实现电气隔离。

8.1.13 动力与照明应满足下列要求:

1 通信、信号、火灾自动报警系统及地下车站和区间隧道的应急照明应具备应急电源。

2 照明灯具应采用节能光源。

3 车站应具有总等电位联结或辅助等电位联结。

8.2.1 通信系统应安全、可靠。在正常情况下应为运营管理、行车指挥、设备监控、防灾报警等进行语音、数据、图像等信息的传送。在非正常或紧急情况下，应能作为抢险救灾的通信手段。

8.2.2 通信系统应符合下列规定：

1 传输系统应满足通信各子系统和其他系统信息传输的要求。

2 无线通信系统应为控制中心调度员、车站值班员等固定用户与列车司机、防灾、维修、公安等移动用户之间提供通信手段，满足行车指挥及紧急抢险的需要，并应具有选呼、组呼、全呼、紧急呼叫、呼叫优先级权限等调度通信、存储及监测等功能。

3 闭路电视监视系统应为控制中心调度员、车站值班员、列车司机等提供列车运行、防灾救灾以及乘客疏导等视觉信息。

4 公务电话系统应满足城市轨道交通各部门间进行公务通话及业务联系，并应纳入公用网。公务电话系统设备应具备综合业务数字网络的交换能力。

5 专用电话系统应保证控制中心调度员及车站、车辆基地的值班员之间实现行车指挥和运营管理；调度电话系统应具有单呼、组呼、全呼等调度功能。

6 广播系统应保证控制中心调度员和车站值班员向乘客通告列车运行以及安全、向导等服务信息，向工作人员发布作业命令和通知。防灾广播应优先于行车广播。

7 时钟系统应为工作人员、乘客及相关系统设备提供统一的标准时间信息。

8.2.3 通信电源应具有集中监控管理功能，并应保证通信设备不间断、无瞬变地供电；通信源的后备供电时间不应少于 2h；通信接地系统应保证人身和通信设备的安全，并应保证通信设备的正常工作。

8.2.4 隧道内的通信主干电缆、光缆应采用阻燃、无卤、防腐蚀、防鼠咬的防护层，并应符合防护杂散电流腐蚀的要求。

8.3.1 信号系统应具有行车指挥与列车运行监视、控制和安全防护功能,具有降级运用的能力。涉及行车安全的系统、设备应符合"故障—安全"原则。

8.3.2 线路全封闭的城市轨道交通应配备和运用列车自动防护系统;线路部分封闭的城市轨道交通系统,应根据行车间隔、列车运行度、线路封闭状态等运营条件,采取相应的技术手段进行列车运行的安全防护。

8.3.3 城市轨道交通应配置行车指挥系统。行车指挥调度区段内的区间、车站应能实现集中监视。当行车指挥系统具有自动控制功能时,尚应具有人工控制功能。

8.3.4 列车安全防护系统应满足行车密度、运行速度和行车交路等运营需求。当线路全封闭的城市轨道交通列车采用无安全防护功能的人工驾驶模式时,应有授权,并对授权及相关操作予以表征。

8.3.5 联锁设备应保证道岔、信号机和区段的联锁关系正确。当联锁条件不符时,不得开通进路。

8.3.6 列车自动运行系统应具有列车自动牵引、惰行、制动、区间停车和车站定点停车、车站通过及折返作业等控制功能。控制过程应满足控制精度、舒适度和节能等要求。

8.3.7 当列车配置列车自动防护设备、车内信号装置时,应以车内信号为主体信号;当列车未配置列车自动防护设备或列车自动防护设备失效或未配置车内信号装置时,所设地面信号应为主体信号。当地面的主体信号显示熄灭时,应视为禁止信号。

8.3.8 无人驾驶系统应符合下列规定:

　　1 无人驾驶系统的建设应与线路、站场配置及运行管理模式相互协调。无人驾驶系统应能实现信号、通信、防灾报警等机电系统设备及车辆的协同控制。

　　2 控制中心或车站有人值班室应能监控无人驾驶列车的运行状态,应能实现列车停车及车门、站台屏蔽门的应急控制。

8.3.9 当部分封闭的城市轨道交通设专用线路时,其与城市道路交通相交的平交路口应设置城市轨道交通列车优先信号;未设专用线路时，在平交路口处，城市轨道交通的列车应遵守道路交通的信号显示行车。

8.3.10 车辆基地信号系统应符合下列规定：

1 用于有人驾驶系统的车辆基地，应设进、出车辆基地的信号机；进出车辆基地的信号机、调车信号机应以显示禁止信号为定位；车辆基地信号系统、设备的配置应满足列车进出车辆基地和在车辆基地内进行列车作业或调车作业的需求。

2 用于无人驾驶系统的车辆基地，其信号系统、设备的配置，应与无人驾驶系统在车辆基地的功能及车辆基地内无人或有人驾驶区域的范围相适应。

3 车辆基地应纳入信号系统的监视范围。

4 试车线信号系统的地面设备及其布置，应满足系统双向试车的需要。

8.3.11 信号系统设备应具有独立安全认证机构出具的、符合"故障—安全"原则的证明及相关说明。

8.3.12 信号系统设备投入运用前，建设单位应提出技术性安全报告。信号系统的技术文件应对功能的安全性要求、量化的安全目标等进行描述。

8.4.1 城市轨道交通的内部空气环境应采用通风、空调与采暖方式进行控制，并应符合下列规定：

1 当列车正常运行时，应保证内部空气环境的温度、湿度、气流速度和空气质量均应满足人员生理要求和设备正常运转需要。

2 当列车阻塞在隧道内时，应能对阻塞处进行有效的通风。

3 当列车在隧道发生火灾事故时，应能对事故发生处进行有效的排烟、通风。

4 当车站公区和设备及管理用房内发生火灾事故时，应能进行有效的排烟、通风。

8.4.2 城市轨道交通的内部空气环境应优先采用通风（含活塞通风）方式进行控制。

8.4.3 隧道内夏季的空气计算温度应符合下列规定：

1 当列车车厢不设置空调时，不应高于33℃。

2 当列车车厢设置空调、车站不设置全封闭站台屏蔽门时，不应高于35℃。

3 当列车车厢设置空调、车站设置全封闭站台屏蔽门时，不应高于40℃。

8.4.4 隧道内冬季的最低空气温度不应低于5℃。

8.4.5 地下车站夏季站内空气计算温度和相对湿度应符合下列规定：

1 当车站采用通风方式时，站内的空气计算温度不应高于室外空气计算温度5℃，且不应超过30℃。

2 当车站采用空调时，站厅的空气计算温度应比空调室外计算干球温度低2～3℃，且不应超过30℃；站台的空气计算温度比站厅的空气计算温度低1～2℃，相对湿度应在40%～65%之间。

8.4.6 地下车站冬季站内最低空气温度不应低于12℃。

8.4.7 通风、空调与采暖系统的负荷应按预测的远期客流量和最大通过能力确定。

8.4.8 通风、空调与采暖方式的设置和设备配置应充分考虑节能要求，并应充分利用自然冷源和热源。

8.4.9 隧道和地下车站的进风应直接采自大气，排风应直接排出地面。

8.4.10 当采用通风方式，系统为开式运行时，每个乘客每小时需供应的新鲜空气量不应少于30m^3；当系统为闭式运行时，每个乘客每小时需供应的新鲜空气量不应少于12.6m^3，且所供应的新鲜空气量均不应少于总送风量的10%。

8.4.11 当采用空调时，每个乘客每小时需供应的新鲜空气量不应少于12.6m^3，且所供应的新鲜空气量不应少于总送风量的10%。

8.4.12 高架线和地面线站厅内的空气计算温度应符合下列

规定：

  1 当采用通风方式时，夏季计算温度不应超过室外计算温度3℃，且不应超过35℃。

  2 当采用空调时，夏季计算温度应为29～30℃，相对湿度不应大于65%。

8.4.13 当高架线和地面线站厅设置采暖时，站厅内的空气设计温度应为12℃。

8.4.14 采暖地区的高架线和地面线车站管理用房应设采暖，室内空气设计温度应为18℃。

8.4.15 高架线和地面线车站设备用房应根据工艺要求设置通风、空调与采暖，设计温度按工艺要求确定。

8.4.16 地下车站和隧道应设置防烟、排烟与事故通风系统。

8.4.17 地下车站站厅、站台公共区和设备及管理用房应划分防烟分区，且防烟分区不应跨越防火分区。站厅、站台公共区每个防烟分区的建筑面积不应超过2000m^2，设备及管理用房每个防烟分区的建筑面积不应超过750m^2。

8.4.18 地下车站公共区火灾时的排烟量应根据一个防烟分区的建筑面积按1$m^3/(m^2 \cdot min)$计算；当排烟设备负担两个或两个以上防烟分区时，其设备能力应按同时排除其中两个最大的防烟分区的烟量配置；当车站站台发生火灾时，应保证站厅到站台的楼梯和扶梯口处具有能够有效阻止烟气向站厅蔓延的向下气流，且气流速度不应小于1.5m/s。

8.4.19 当地下车站设备及管理用房、内走道、地下长通道和出入口通道需设置机械排烟时，其排烟量应根据一个防烟分区的建筑面积按1$m^3/(m^2 \cdot min)$计算，排烟区域的补风量不应小于排烟量的50%。当排烟设备负担两个或两个以上防烟分区时，其设备能力应根据最大防烟分区的建筑面积按2$m^3/(m^2 \cdot min)$计算的排烟量配置。

8.4.20 隧道火灾排烟时的气流速度应高于计算的临界风速，最低气流速度不应小于2m/s，且不应高于11m/s。

8.4.21 列车阻塞在隧道时的送风量,应保证隧道断面的气流速度不小于 2m/s,且不应高于 11m/s,并应控制列车顶部最不利点的隧道空气温度不超过 45℃。

8.4.22 隧道的排烟设备应保证在 150℃时能连续有效工作 1h;地下车站公共区和设备及管理用房的排烟设备应保证在 250℃时能连续有效工作 1h;地面及高架车站公共区和设备及管理用房的排烟风机应保证在 280℃时能连续有效工作 0.5h。烟气流经的辅助设备应与风机耐高温等级相同。

8.5.1 城市轨道交通工程的给水系统应满足生产、生活和消防用水对水量、水压和水质的要求。

8.5.2 地下车站及地下区间隧道的消防给水系统应由城市两路自来水管各引一根消防给水管和车站或区间环状管网相接,每一路自来水管均应能满足全部消防用水量;当城市自来水管网为枝状管网时,应设消防泵和消防水池。

8.5.3 消火栓系统的设置应符合下列规定:

1 车站及超过 200m 的地下区间隧道应设消火栓系统。

2 车站消火栓的布置应保证每一个防火分区同层有两只水枪的充实水柱同时到达任何部位,水枪的充实水柱不应小于 10m。

3 当消火栓口处出水压力大于 0.5MPa 时,应设置减压装置。

4 当供水压力不能满足消防所需压力时,应设消防泵增压设施。

8.5.4 设有消火栓系统的车站,应设水泵接合器。

8.5.5 地下车站的变电所、通信设备室、信号设备室应设自动灭火系统。

8.5.6 地下车站及地下区间隧道排水泵站(房)的设置应符合下列规定:

1 区间隧道线路实际坡度最低点应设排水泵站。

2 当出入线洞口的雨水不能按重力流方式排至洞外地面时,

应在洞口内适当位置设排雨水泵站。

3 露天出入口及敞开风口应设排雨水泵房。

8.6.1 车辆基地、主变电站、控制中心、全封闭运行的城市轨道交通车站等建筑物应设置火灾自动报警系统。

8.6.2 全封闭运行的城市轨道交通设置的火灾自动报警系统应按中央级和车站级两级监控、管理方式设置；中央级火灾自动报警系统应设置在控制中心。

8.6.3 中央级火灾自动报警系统应具备下列功能：

1 实现全线消防集中监控管理。

2 接收由车站级火灾监控报警系统所发送的火灾报警信息，实现声光报警，进行火灾信息数据储存和管理。

3 接收、显示并储存全线火灾报警设备、消防设备的运行状态信息。

4 存储事件记录和人员的各项操作记录，具备历史档案管理功能；实时打印火灾报警发生的时间、地点等事件记录。

8.6.4 车站级火灾自动报警系统应具备下列功能：

1 接收、存储、打印监控区火灾报警信息，显示具体报警部位；向中央级火灾自动报警系统发送车站级火灾报警信息，接收中央级火灾自动报警系统发布的消防控制指令。

2 发生火灾时，车站级火灾自动报警系统应满足下列监控要求：

1）直接控制专用排烟设备执行防排烟模式；启动广播系统进入消防广播状态；控制消防泵的启、停并监视其运行及故障状态；控制防火卷帘门的关闭并监视其状态；监视自动灭火系统的状态信号。

2）直接向环境与设备监控系统发布火灾模式指令，由环境与设备监控系统自动启动防排烟与正常通风合用的设备执行相应火灾控制模式控制其他与消防相关的设备进入救灾状态，切除非消防电源。

3 接收、显示、储存辖区内火灾自动报警系统设备及消防设备的状态信息，实现故障报警。

4 自动生成报警、设备状态信息的报表，并能对报警信息、设备状态信息进行分类查询。

8.6.5 火灾自动报警系统设备的设置应符合下列规定：

1 车站内管理用房、站厅及站台和通道等区域应设置感烟探测器或感温探测器；车辆基地、控制中心感烟探测器的设置应适应大空间的特点。

2 每个防火分区应至少设置一个手动报警按钮；从防火分区内的任何位置到最近的手动报警按钮的距离不应大于 30m。

3 变电所、车站站台板下的电缆夹层应敷设缆式线型探测器。

4 车站公共区应设置应急广播；车站办公、设备区的走廊、控制中心、车辆基地及主变电站应设置警报装置。

5 车站、车辆基地、主变电站、控制中心应设置火灾自动报警控制盘。

6 重要设备室及值班室应设置消防电话。

8.6.6 火灾自动报警系统应设置维修工作站，并应具备下列功能：

1 接收、显示、储存、统计、查询、打印全线火灾监控报警系统设备的状态信，发布设备故障报警信息，建立火灾监控报警系统设备维修计划及档案。

2 对车站级火灾自动报警控制盘进行远程软件下载、软件维护、故障查询和软件故障处理。

8.6.7 火灾监控报警系统应预留与拟建其他线路换乘站火灾自动报警系统接口的条件。

8.7.1 环境与设备监控系统应具备下列功能：

1 车站及区间设备的监控。

2 执行防灾和阻塞模式。

3 环境监控与节能运行管理。

4 车站环境和设备的管理。

5 系统维修。

8.7.2 车站及区间设备的监控应具备下列功能：

1 中央和车站两级监控管理。

2 环境与设备监控系统控制指令应能分别从中央工作站、车站工作站和车站紧急控制盘人工发布或由程序自动判定执行。

3 注册和操作权限设定。

8.7.3 执行防灾和阻塞模式应具备下列功能：

1 接收车站自动或手动火灾模式指令，执行车站防烟、排烟模式。

2 接收列车区间停车位置、火灾部位信息，执行隧道防排烟模式。

3 接收列车区间阻塞信息，执行阻塞通风模式。

4 监控车站逃生指示系统和应急照明系统。

5 监视各排水泵房危险水位。

8.7.4 环境监控与节能运行管理应具备下列功能：

1 通过对环境参数的检测，对能耗进行统计分析。

2 控制通风、空调设备优化运行，提高整体环境的舒适度及降低能源消耗。

8.7.5 车站环境和设备的管理应具备下列功能：

1 对车站环境参数进行统计。

2 对设备的运行状况进行统计，优化设备的运行；形成维护管理趋势预告，提高设备管理效率。

8.7.6 系统维修应具备下列功能：

1 监视全线环境与设备监控系统的设备运行状态，对系统设备进行集中监控和管理。

2 对全线环境设备监控系统软件进行维护、组态、运行参数的定义、系统数据库的形成及用户操作界面的修改等。

3 通过对硬件设备故障的判断，保证对系统进行实时监控及维护。

8.7.7 防排烟系统与正常通风系统合用的车站设备，应由环境与设备监控系统统一监控。环境与设备监控系统和火灾监控报警系统之间应设置可靠的通信接口，由火灾自动报警系统发布火灾模式指令，环境与设备监控系统优先执行相应的火灾控制程序。

8.7.8 在地下区间发生火灾或列车阻塞停车时，隧道通风、烟系统应由控制中心发布模式控制命令，车站环境与设备监控系统接收命令并执行。

8.7.9 车站控制室应设置综合后备控制盘，盘面应以火灾工况操作为主，操作程序应简单、直接；作为环境与设备监控系统火灾工况自动控制的后备措施，其操作权限高于车站和中央工作站。

8.7.10 环境与设备监控系统应选择具备可靠性、容错性、可维护性、适应城市轨道交通使用环境的工业级标准设备；对事故通风与排烟系统的监控应采取冗余措施。

8.7.11 环境与设备监控系统软件应为标准、开放和用软件，并具备实时多任务功能。

8.8.1 自动售检票系统应适应城市轨道交通网络化运营的需要，并应预留与城市公共交通票务系统的数据接口。

8.8.2 自动售检票系统应建立统一的密钥体系和车票制式标准；车票制式应与城市公共交通系统标准一致。

8.8.3 自动售检票系统应具备适应各种票务政策，进行实时客流统计、收入清分、防止票务作弊等功能。

8.8.4 自动售检票系统应采用相对独立分级设计，当其中任何一级系统故障时，均不应影响其他系统的正常运行；当故障解除后，应能自动进行系统的恢复处理。系统关键设备应余设置，重要数据应备份。

8.8.5 自动售检票系统对外部的恶意侵扰应具有有效的防御能力；车站计算机系统和车站终端设备控制器均应按工业级标准设计，系统设备应满足车站的环境要求。

8.8.6 自动售检票系统的设计能力应满足车站最大预测客流量的需要。

8.8.7 自动售检票系统应满足远期发展及与其他客运交通线路换乘的要求，预留后建线路的接入条件；所采用的车票制式、车站设备的功能和票务政策等应与已建线路自动售检票系统兼容，实现数据互联、互通。

8.8.8 自动售检票系统应满足各种运行模式的要求。在非正常运营状态下，自动售检票系统应能由正常运行方式转为相应的降级运行方式或紧急方式，并应为票务管理、客流疏导提供方便。

8.8.9 在紧急状态下，所有检票机闸门均应处于自由开启状态，并应允许乘客快速通过。

8.8.10 自动售票设备和进站检票设备的数量应满足最大预测客流量的需要；出站检票机应满足行车间隔内下车乘客全部出站的要求。

8.8.11 自动检票机对乘客应有明确、清晰、醒目的工作状态显示；双向自动检票机应能通过参数设置自动转换各时段的使用模式。

8.9.1 自动扶梯、电梯的配置及数量应满足最大预测客流量的需要。

8.9.2 自动扶梯应符合下列规定：

1 自动扶梯应采用公共交通型重载扶梯，其传动设备、结构及装饰件应采用不燃材料或低烟、无卤、阻燃材料。

2 自动扶梯应有明确的运行方向指示。

3 自动扶梯应配备紧急停止开关。

8.9.3 电梯应满足下列要求：

1 电梯的设置应方便残障乘客的使用。

2 电梯的操作装置应易于识别、便于操作。

3 当发生紧急情况时，电梯应能自动运行到设定层，并打开电梯门。

4 电梯轿厢内应设有专用通信设备，并应保证内部乘客与外界的通信联络。

5 非透明电梯轿厢内应设视频监视装置。

8.10.1 站台屏蔽门的设计、制造、安装和运行管理，应保证乘客顺利通过，并应满足列车停靠在站台任意位置时车上乘客的应急疏散需要。

8.10.2 站台屏蔽门的结构应能承受人的挤压和活塞风载荷的作用。

8.10.3 在正常工作模式时，站台屏蔽门应由司机或信号系统监控，并应保证站台屏蔽门关闭不到位时，列车不能启动或进站。

8.10.4 站台屏蔽门应具有在站台侧或轨道侧手动打开或关闭每一扇滑动门的功能。

8.10.5 站台屏蔽门应设置应急门；站台屏蔽门两端应设置供工作人员使用的专用工作门。应急门和工作门不受站台屏蔽门系统的控制。

七、《城市轨道交通信号工程施工质量验收规范》GB 50578—2010

3.1.2 5 轨旁信号设备的安装不得侵入设备限界。

3.3.5 1 单位（子单位）工程所含分部工程的质量均应验收合格。

7.2.5 2 设于警冲标外方的钢轨绝缘，除渡线及其他侵限绝缘外，绝缘安装位置与警冲标计算位置的最小距离应符合设计要求。

8.1.4 车载设备的安装不得超出车辆限界。

13.2.3 车站联锁试验应符合下列要求：

1 进路联锁表所列的每条列车/调车进路的建立与取消、信号机开放与关闭、进路锁闭与解锁等项目的试验，应保证联锁关系正确并符合设计要求。

2 进路不应建立敌对进路，敌对信号不得开放；建立进路时，与该进路无关的设备不得误动作，列车防护进路应正确和完整。

3 站内联锁设备与区间、站（场）间的联锁关系应符合设计要求。

4 计算机联锁设备的采集单元与采集对象、驱动单元与执行器件的状态应一致。

13.3.2 **5** 在道岔第一牵引点锁闭杆中心处的尖轨与基本轨间有 4mm 及以上间隙时,道岔不得锁闭;其他牵引点处的不锁闭间隙应符合设计要求。

15.1.5 ATP 系统必须符合故障导向安全原则。

八、《城市轨道交通综合监控系统工程设计规范》GB 50636—2010

3.0.11 综合监控系统应实现重要控制对象的远程手动控制功能。车站控制室综合后备盘上应集中设置对集成和互联系统的手动后备控制。

九、《城市轨道交通地下工程建设风险管理规范》GB 50652—2011

1.0.3 城市轨道交通地下工程建设风险管理,必须遵循节能、节地、保护环境和可持续发展的基本方针。

1.0.4 城市轨道交通地下工程建设风险管理,应从规划、可行性研究、勘察设计、施工直至竣工验收并交付使用,实施全过程的建设风险管理。

9.1.2 城市轨道交通地下工程施工必须实施动态风险管理,利用现场监测数据和风险记录,实现施工风险动态跟踪与控制。

十、《城市轨道交通建设项目管理规范》GB 50722—2011

3.1.5 城市轨道交通项目安全设施必须与城市轨道交通工程统一规划、统一设计、同步建设。

6.2.4 详勘成果必须由建设管理单位送审查机构审查。未经审查通过不得作为施工图设计文件依据。

6.4.6 **3** 建设管理单位必须委托具有施工图审查资质的单位对施工图设计文件进行审查。

8.1.3 城市轨道交通建设项目完工后,建设管理单位应组织验收。未经验收或验收不合格的工程不得交付使用。

8.2.3 建设管理单位在取得施工许可证或者开工报告前,应到建设行政主管部门办理工程质量监督手续。

10.1.4 采购的产品必须符合职业健康安全和环境管理要求。

18.2.4 在与列车运行有关的系统联调开始前,必须完成行车相关区段轨道系统、供电系统初验、冷滑试验和热滑试验。试验合格后,方可进行与列车运行有关的系统联调。

十一、《城市轨道交通站台屏蔽门系统技术规范》CJJ 183—2012

4.1.6 滑动门、应急门和端门必须能可靠关闭且锁紧,在站台侧必须能使用专用钥匙开启,在非站台侧必须能手动开启。

4.4.1 屏蔽门系统必须按一级负荷供电,必须设置备用电源。

十二、《城市轨道交通直线电机牵引系统设计规范》CJJ 167—2012

4.1.2 感应板铺装设计值应严格控制与车载直线电机间的气隙,误差应控制在2mm范围内,并应满足车辆牵引和启制动要求。

7.2.1 线路平面曲线半径应根据列车设计运行速度和工程难易程度经比选确定,线路平面的最小曲线半径不得小于表7.2.1规定的数值。

表7.2.1 最小曲线半径

线 路		一般情况(m)	困难情况(m)
正线	$v \leqslant 80$km/h	300	100
	80km/h$<v \leqslant$100km/h	400	150
出入线		150	100
联络线		100	80
车场线		65	

注:除同心圆曲线外,曲线半径宜以10m的倍数取值。

7.3.10 车站有效站台长度和道岔范围内不得设置竖曲线,竖曲线离开道岔端部的距离不应小于5m。

7.3.11 碎石道床线路竖曲线不得与平面缓和曲线重叠;当不设平面缓和曲线时,竖曲线不得与超高顺坡段重叠;当整体道床曲线地段的其每一侧单根钢轨的超高顺坡率大于或等于1.5‰时,该缓和曲线地段不得与纵断面竖曲线重叠。

8.6.3 轨道减振结构应满足车辆气隙的要求,在列车动载条件作用下感应板相对钢轨顶面弹性变化量不应大于1.5mm。

16.1.7 专用通信系统应满足正常运营方式和灾害运营方式的需求。在正常运营方式时,应能为运营、维护调度指挥提供保障;在灾害运行方式时,应能为防灾、救援和事故处理的指挥使用提供保障。

十三、《城市轨道交通岩土工程勘察规范》GB 50307—2012

7.2.3 详细勘察应进行下列工作:

1 查明不良地质作用的特征、成因、分布范围、发展趋势和危害程度,提出治理方案的建议。

2 查明场地范围内岩土层的类型、年代、成因、分布范围、工程特性,分析和评价地基的稳定性、均匀性和承载能力,提出天然地基、地基处理或桩基等地基基础方案的建议,对需进行沉降计算的建(构)筑物、路基等,提供地基变形计算参数。

3 分析地下工程围岩的稳定性和可挖性,对围岩进行分级和岩土施工工程分级,提出对地下工程有不利影响的工程地质问题及防治措施的建议,提供基坑支护、隧道初期支护和衬砌设计与施工所需的岩土参数。

4 分析边坡的稳定性,提供边坡稳定性计算参数,提出边坡治理的工程措施建议。

5 查明对工程有影响的地表水体的分布、水位、水深、水质、防渗措施、淤积物分布及地表水与地下水的水力联系等,分析地表水体对工程可能造成的危害。

6 查明地下水的埋藏条件,提供场地的地下水类型、勘察时水位、水质、岩土渗透系数、地下水位变化幅度等水文地质资料,分析地下水对工程的作用,提出地下水控制措施的建议。

7 判定地下水和土对建筑材料的腐蚀性。

8 分析工程周边环境与工程的相互影响,提出环境保护措施的建议。

9 应确定场地类别,对抗震设防烈度大于6度的场地,应进行液化判别,提出处理措施的建议。

10 在季节性冻土地区,应提供场地土的标准冻结深度。

7.3.6 地下工程控制性勘探孔的数量不应少于勘探点总数的1/3。采取岩土试样及原位测试勘探孔的数量:车站工程不应少于勘探点总数的1/2,区间工程不应少于勘探点总数的2/3。

7.4.5 高架工程控制性勘探孔的数量不应少于勘探点总数的1/3。取样及原位测试孔的数量不应少于勘探点总数的1/2。

10.3.2 勘察时遇地下水应量测水位。当场地存在对工程有影响的多层含水层时,应分层量测。

11.1.1 拟建工程场地或其附近存在对工程安全有不利影响的不良地质作用且无法规避时,应进行专项勘察工作。

十四、《城市轨道交通工程测量规范》GB 50308—2008

1.0.7 暗、明挖隧道和高架结构横向贯通测量中误差为±50mm,高程贯通测量中误差为±25mm。

6.1.8 作业人员进入检查井时,必须遵守国家有关安全保护规定,并应采取防止中毒、爆炸等意外事故发生的措施。

18.5.1 在运营阶段,属于下列条件之一的应对相关线路或周边环境进行变形监测:

1 施工阶段的观测对象仍未稳定,需要继续进行观测的项目;

2 不良岩土条件和特殊岩土条件的地区(段);

3 地面沉降变化大的城市或地区的轨道交通线路;

4 临近线路两侧进行建设施工的地段;

5 新建线路和既有线路衔接、交叉、穿越的地段;

6 新建线路穿越地下工程和大型管线的地段；

　　7 地震、列车振动等外力作用对线路产生较大影响的地段。

18.6.4 建筑的允许变形值应根据设计要求和相关规范规定。当实测变形值大于允许变形值的 2/3 时，应及时上报，并应启动应急变形监测方案。

十五、《城市轨道交通自动售检票系统工程质量验收规范》GB 50381—2010

3.3.4 在 AFC 系统工程质量验收中，对不符合本规范要求的 AFC 系统工程，且通过返修或加固处理仍不能满足安全使用要求的分部工程、单位工程，严禁验收。

4.2.1　2 金属配管严禁采用对口熔焊连接；镀锌和壁厚小于或等于 2mm 的钢导管，严禁采用套管熔焊连接。

　　3 当金属配管采用螺纹连接时，连接处的两端必须保证可靠接地连通。

4.2.4 金属线槽、金属导管、接线盒、分向盒必须电气连接，且必须可靠接地。

6.2.1　4 终端设备接地点和设备接地必须连接可靠。

12.3.4 电源端子接线必须正确，电源线缆两端的标志必须齐全。直流电源线必须以线色区别正、负极性，直流电源正、负严禁错接与短路，接触必须牢固；交流电源线必须以线色区别相线、零线、地线，严禁错接与短路，接触必须牢固。

12.5.6 防雷接地与交流工频接地直流工作接地、安全保护接地必须共用综合接地体，接地装置的接地电阻值必须按接入设备中要求的最小值确定，其接地电阻测试值严禁大于 1Ω。

十六、《城市轨道交通通信工程质量验收规范》GB 50382—2006

3.3.8 通过返修或加固处理仍不能满足安全使用要求的分部工程、单位工程，严禁验收。

4.2.4 支架、吊架安装在区间时，严禁超出设备限界。

5.2.5 光、电缆线路的防雷设施的设置地点、区段、数量、方式和防护措施应符合设计要求。

检验数量：全部检查。

检验方法：观察检查。

5.3.4 电缆引入室内时，其金属护套与相连接的室内金属构件间应绝缘。

检验数量：全部检查。

检验方法：施工单位观察检查，用万用表检查绝缘性能。监理单位见证试验。

5.4.4 光缆引入室内时，应做绝缘接头，室内室外金属护层及金属加强芯应断开，并彼此绝缘。

检验数量：全部检查。

检验方法：观察检查。

6.3.6 设备地线必须连接良好。

检验数量：全部检查。

检验方法：施工单位用万用表检查。监理单位见证试验。

6.3.7 电缆、电线的屏蔽护套应接地可靠，并应与接地线就近连接。

检验数量：全部检查。

检验方法：观察检查。

7.2.3 区间电话安装严禁超出设备限界。

检验数量：全部检查。

检验方法：观察检查。

9.2.5 铁塔防雷装置、接地引下线和接地电阻应符合设计要求。

检验数量：全部检查。

检验方法：施工单位用接地电阻测试仪测接地电阻。监理单位见证试验。

9.2.6 铁塔塔体的接地电阻应符合设计要求，塔体金属构件间应保证电气连通。

检验数量：全部检查。

检验方法：施工单位用万用表检查电气连通性，用接地电阻测试仪测接地电阻。监理单位见证试验。

11.2.3 安装扬声器严禁超出设备限界，不得影响与行车有关的信号和标志。

检验数量：全部检查。

检验方法：观察检查。

14.3.1 电源设备配线用电源线应采用整段线料，中间禁止有接头。

检验数量：全部检查。

检验方法：观察检查。

14.3.4 直流电源线必须以线色区别正、负极性，直流电源正负极严禁错接与短路，接触必须牢固；交流电源线必须以线色区别相线、零线、地线，严禁错接与短路，接触必须牢固。

检验数量：全部检查。

检验方法：观察检查。

十七、《无轨电车供电线网工程施工及验收规范》CJJ 72—97

1.0.4 供电线网工程中使用的黑色金属零件和组合件均应镀锌或进行其他防腐处理。

1.0.5 供电线网工程中使用的线材、器材和设备均应符合国家现行有关标准的规定，并应有合格证明。

4.0.4 普通钢筋混凝土电杆应有合格证。在施工前应进行外观检查，并应符合下列规定：

4.0.4.3 外表面不得有纵向裂缝；环向裂缝宽度不得大于0.2mm，其长度不得大于周长的1/3。

4.0.5 金属焊接电杆应有合格证。在施工前应进行外观检查，并应符合下列规定：

4.0.5.1 焊缝应平缓连接，不得有夹渣、漏焊、弧坑、气孔、裂纹等缺陷，咬边深度不应大于 0.5mm；

4.0.5.2 应进行防腐处理，全身表面的镀层或防腐漆应均匀，不应有锈蚀点、气泡、漆皮脱落等缺陷。

4.0.6 混凝土预制构件表面不应有蜂窝、露筋、裂缝等缺陷，其强度应满足设计要求。

5.1.2 电杆基础槽坑应符合下列规定：

5.1.2.1 槽坑的长、宽、深尺寸应符合设计规定。

5.1.2.2 直道杆槽坑的长度方向应与道路侧石平行；弯道杆槽坑的长度方向应与受力的合力方向垂直。

5.1.6 电杆槽坑挖好后，当时不立杆的，应将槽坑和预制杆坑用安全盖盖上。

5.3.3 现浇基础及回填土应符合下列规定：

5.3.3.1 基础结构尺寸和混凝土强度等级应符合设计规定，当设计未规定时，混凝土强度等级不得低于 C20。

5.3.4 杯型孔基础应符合下列规定：

5.3.4.1 电杆入杯型孔并校正后，应在杯孔内回填粗砂，每次回填厚度宜为 400mm，并用钢钎捣实；

5.3.4.2 在杯型孔的上口处，应采用混凝土封口，其厚度宜为 50～100mm，混凝土封面应与人行道面持平，并应恢复人行道面原状。

5.4.5 拉线的上段应装设拉紧绝缘子；绝缘子应置于导线的外侧。拉线穿越导线时，两侧均应装设绝缘子。绝缘子距地面的高度不应小于 2.50m。

5.4.7 拉线和坠线露出地面的部分，应安装长度不宜小于 2.00m 的护管，并涂红白相间颜色。

5.4.9 在通行无轨电车的街道上过街拉线的高度不应低于 9.00mm；非无轨电车的街道上，不应低于 6.00mm。

6.1.4 接触网横绷线和链线的端头与电杆或支撑结构连接时，应安装拉紧绝缘子。

6.3.4 安装单臂应有其长度 1.5%～2.0% 的翘起，并应用水平尺测量。

6.4.5 链线的安装与拉紧应符合下列规定：

6.4.5.2 链线的断开处和连续处与单臂或横绷线之间的连接应安装拉紧绝缘子；

7.1.2 触线和导电组件与电杆或其他支撑结构之间应采用双重绝缘。

7.3.2 触线遇有下列情况之一的应剪掉：

7.3.2.1 局部有严重扭伤、刮伤和折叠痕迹；

7.3.2.2 有明显的搭接痕迹、裂纹，或其他断裂现象。

7.4.1 复磨体连接时，其间隙不应大于3mm。

8.1.5 分线器、并线器、交叉器的正、负触线交叉部位应进行包扎绝缘，其包扎绝缘的电阻值应为晴天时不应小于1MΩ；阴雨天时不应小于0.2MΩ的规定（图8.1.5）。

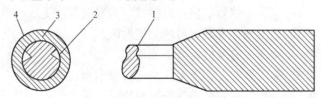

图 8.1.5 触线包扎绝缘
1—触线；2—绝缘带；3—绝缘管；4—绝缘带

8.2.1 分线器组整体安装应符合下列规定：

8.2.1.2 分线器传动机构应动作灵活，准确可靠，安装牢固。

9.3.1 无轨电车线与铁路线平交对（不包括电气铁路），触线的最低点与轨道顶面的垂直距离不应小于5.50m。

10.1.1 架空馈线之间的间距不应小于400mm。

10.1.2 架空馈线支撑点距地面的高度不得小于7.00m。

10.1.4 当馈线过街时，其与主干街道的交叉角度不得小于45°。

10.3.1 同金属同截面绞向不同的导线和同金属不同截面同绞向的导线严禁在档距内连接；需要连接时，应通过耐张电杆进行。

10.4.1 裸铜、铝馈线在绝缘瓷瓶上或线夹上固定时，应缠绕与导线同金属的包带,缠绕长度应超出接触部分30mm,缠绕的方向应与导线外层线股缠绕的方向一致。

10.4.2 裸铜、铝馈线在绝缘瓷瓶上绑扎用的绑线,应采用与导线同金属的单股线,其直径不应小于2mm。

10.5.5 落地馈电箱安装应符合下列规定:

10.5.5.3 应安装压敏电阻及保护熔丝。压敏电阻应用2500V摇表测量其绝缘电阻,其值应大于2MΩ。安装时,与箱体应有间距,正线接在1~4刀闸下桩头铜排上;

10.5.5.4 馈电箱与电杆之间应装防护罩。

11.0.1 采用羊角双间隙避雷器时,安装后的主间隙应为3mm,辅助间隙应为2mm。

11.0.2 采用金属氧化物避雷器(无间隙避雷器)时,安装前应根据产品使用规定进行复验,不符合规定的产品不得使用。

11.0.5.2 安装后的地线应进行测试,并有记录,接地电阻不得大于10Ω。达不到标准时,可增加接地极。

11.0.8 避雷器的安装应符合下列规定:

11.0.8.3 避雷器与上、下引线的连接应牢固可靠。

11.0.9 避雷器引线安装应符合下列规定:

11.0.9.1 上引线与馈线、均压线连接时,应牢固可靠;

11.0.9.3 下引线在电杆上的固定间距不应大于1.50m。

12.1.1 安装电缆使用的配件和紧固件均应镀锌或做其他防腐处理。

12.1.2 电缆运输、装卸时,不应使电缆及电缆盘受到损伤,电缆盘不应平放运输,严禁由车上向下推滚电缆盘。

12.1.3 作馈线用的大截面单芯电缆的弯曲半径,不应小于电缆直径的25倍。

12.1.4 当电缆存放地点在敷设前24h内的平均温度及现场温度低于0℃时,不应敷设电缆。

12.1.6 电车电缆之间及与其他设施之间平行和交叉时的最小距离应符合表的规定。严禁将电缆平行敷设于其他管线、管道的正上方或正下方。

表 12.1.6　平行和交叉时的最小距离

序号	项目	最小距离（m） 平行	最小距离（m） 立交	备注
1	电车直流电缆	0.10	—	
2	10kV 及以下电缆	0.50	0.50	序号 2、3 当采用穿管或用隔板隔开时平行和交叉距离可为 0.2m
3	电信电缆	0.50	0.50	
4	建筑基础	0.60	—	
5	其他管道	0.50	0.50	（1）序号 5、7、8 采取穿管时距离可为 0.25m （2）序号 6 应采取隔热措施，使电缆周围土壤温升不超过 10℃
6	热力管道、热力设备	2.00	0.50	
7	燃气管道	1.00	0.50	
8	排水管	1.00	0.50	
9	城市街道路面	1.00	0.70	
10	铁路路轨	3.00	1.00	

12.2.5 电缆管敷设应符合下列规定：

12.2.5.1 电缆管的埋设深度，在机动车道下面时，不应小于 700mm；在人行步道下面时，不应小于 500mm；

12.2.5.2 通过机动车道的电缆管，应长出道路宽两侧各 1.00m；

12.2.5.3 进出建筑物和电缆隧道的电缆管应长出散水坡 500mm；

12.2.5.4 电缆管的地基应夯实，并应平整。管口连接应对准，平滑密封。

12.3.2 电缆支架应安装牢固，保持横平竖直，同层支架应在同一水平面上，允许高低偏差±5mm。在有坡度的隧道和电缆沟内安装支架时，应保持与隧道、电缆沟相同的坡度。

12.4.1.4 测量电缆绝缘电阻，晴天时绝缘电阻不应小于 $50M\Omega$，阴雨天时不应小于 $0.5M\Omega$（1000V 摇表），并应有记录。合格的方可施工。

12.4.2 敷设电缆时，不应损坏隧道和沟道内的防水层。

12.4.3 电缆的排列当设计无要求时，应符合下列规定：

12.4.3.1 电力电缆和控制电缆应分开排列；

12.4.3.2 电力电缆和控制电缆设在同一侧支架上时，控制电缆应放在电力电缆的下面，1kV 以下的电缆应放在 1kV 及其以上电力电缆的下面；

12.4.3.3 不同电压的电缆因特殊情况交叉时，在交叉处应设置绝缘隔板。

12.4.7.3 在下列地段应装置标志牌：电缆的终始端、电缆接头和隧道、沟道、管道、竖井的两端。

12.4.8 电缆出入隧道、沟道、竖井、建筑物时，出入口应封闭，管口应密封。

12.5.3 电缆穿管敷设应符合下列规定：

12.5.3.1 每根馈线电缆应单独穿入一根管内；

12.5.3.2 控制电缆不得与其他电缆同穿一根管；

12.5.3.4 穿入管内的电缆经调整测试合格后，应及时将管口密封。

12.6.1 在进出桥梁的两端，电缆应套有足够机械强度的保护管或保护罩。

12.6.3 敷设在桥墩和伸缩缝处的电缆应留有松弛部分。

12.6.4 在经常受到震动的桥梁上敷设电缆时，应有防震措施。

12.7.1 电缆埋设深度应符合下列规定：

12.7.1.1 电缆表面距地面的距离不应小于 700mm；穿越农田时不应小于 1.00m；

12.7.1.2 寒带区的电缆应埋设在冻土层以下；当无法深埋时，应采取措施；

12.7.1.3 当与地下设施交叉或接近建筑物而不能深埋时，应采取保护措施。

12.7.10 电缆敷设后，应加盖混凝土保护板，其覆盖宽度应超过电缆两侧各 50mm。

12.7.11 直埋电缆覆盖前，必须由专人检验，并经设备管理人员测绘记录核实后，方可回填。回填土应夯实。

12.7.12 直埋电缆沿线的拐弯、交叉接头处及特殊区段，应有明显的方位标志和牢固的标桩。

12.7.14 电缆上杆的终端，在地下附近应留有1.00～1.50m余量，地上应有一段2.00m长的保护管，电缆上杆高度不宜小于6.00m。

12.8.1 电缆接头和终端头的制作，应由经过培训、熟悉工艺的人员进行，或在前述人员的指导下进行。

12.8.4 切断电缆后，均应将端头立即封好，并采取可靠的防潮措施。

12.8.7 电缆接头、终端头的外壳和该处的电缆金属护套及铠装层均应接地良好；接地线应采用编织软网铜线，其截面不应小于 $10mm^2$。

13.3.5 馈线网与外界的安全距离必须进行检查，并应符合规定。

13.3.6 必须测试供电区段总体绝缘电阻，并应符合规定。

13.4.1 工程竣工后，在送电前必须对馈线网、接触网进行全面检查，符合规定后，方可送电试车运行。

十八、《快速公共汽车交通系统设计规范》CJJ 136—2010

4.3.3 在封闭的专用路、专用车道路段和设站台屏蔽门的车站站区，快速公交车辆的行驶速度不应大于60km/h；通过不设站台屏蔽门的车站站区时，行驶速度不应大于30km/h。

5.1.8 分离式单车道物体隔离连续长度不应大于300m，不满足要求时应设紧急出入口或停车港湾。

5.2.1 快速公交系统的专用车道宽度不应小于3.5m。

十九、《跨座式单轨交通设计规范》GB 50458—2008

1.0.5 跨座式单轨交通线路必须为全封闭、双线右侧行车的线路，在安全防护系统的监控下保障列车运行安全。

1.0.10 跨座式单轨交通主体工程结构及因损坏或大修时对系统运营产生重大影响的其他工程结构的设计使用年限应为100年。

1.0.12 跨河流和临近河流的跨座式单轨交通地面和高架工程，应按不低于百年一遇的洪水频率进行设计。位于水域下的地下工程，当水体有可能危及工程使用安全时，应在地下工程的两端设置防淹门或采取其他防淹措施。

1.10.19 跨座式单轨交通应配置对火灾及其他灾害的防范和救援设施。

3.1.2 运营模式应按正常、非正常和紧急状态的要求进行设计。

3.2.2 系统最大设计能力应满足预测的远期高峰小时单向最大断面客流量的需要，远期设计最大行车密度不应少于每小时24对列车。

4.2.1 列车的两端必须设有紧急疏散门，组成列车的各车辆之间必须贯通。

4.2.2 车辆每个客室车门必须配备缓降装置。

4.2.3 车体应设置防漏电保护装置，车体上应装设与车站和车辆段内接地板相匹配的接地电刷。车辆内务电气设备应有可靠的保护接地，接地线应有足够的截面。

4.2.4 列车必须具有纵向救援能力和横向救援能力并配备有相应的设施。纵向救援的渡板应安装在车辆上，同时，各车站应常备横向救援的跳板。

4.2.5 列车必须配备停放制动装置。停放制动的能力必须满足列车在超员（AW3）条件下能在最大坡道上的可靠停放。

4.2.6 列车应设有报警系统，客室内应设有紧急时乘客报警装置。

4.3.1 车辆主保护系统与变电站保护系统应实现保护协调，在所有故障情况下应保证车辆主保护安全分断。

4.3.4 车辆应装设ATC或ATP信号车载设备。

5.3.8 曲线车站站台边缘与车门踏板处之间的间隙不得大于180mm。

6.1.3 线路敷设应选用高架线。在特殊地段，经技术经济比较后，可采用局部地下线和地面线。线路在地面线、地面线和高架线的过渡段、地下线和地面线的过渡段、地下线和高架线的过渡段应设置安全防护设施。

6.1.4 跨座式单轨交通线路之间及与其他轨道交通线路之间的交叉应采用立体交叉。

7.1.8 地面和高架车站站台应设安全栏栅或安全门，地下车站站台应设安全门、安全栏栅或屏蔽门。高架车站行车轨道区底部应采用封闭结构。

7.3.1 车站出入口的数量应根据分向客流和疏散要求设置，但每座车站不得少于两个。每个出入口宽度应按远期分向设计客流量乘以 1.1～1.25 的不均匀系数计算确定。特殊情况下当某一出入口宽度不能满足分向客流时，应调整其他出入口宽度，以满足总设计客流量的通过能力。

7.3.2 地下一层侧式站台车站每侧出入口不得少于两个。两侧式站台之间的过轨通道不应计入出入口数量。

7.4.5 车站出入口的提升高度超过 6m 时，应设上行自动扶梯；超过 12m 时应设上、下行自动扶梯。站台至站厅应设上行自动扶梯，高差超过 6m 时，应设上、下行自动扶梯。分期建设时应预留后期建设的自动扶梯位置。

7.5.1 安全门或安全栏栅、屏蔽门的设置应满足限界的要求。

7.7.7 车站装修应采用防火、防潮、防腐、耐久、易清洁的环保材料，地面材料应防滑耐磨。

7.7.10 车站内应设置各种导向、事故疏散、服务乘客的标志标识，并应符合有关规定和要求。

8.1.2 跨座式单轨交通轨道梁各部位尺寸应满足列车走行轮、导向轮和稳定轮走行要求，同时应保证通信信号及供电系统环网电缆、接触轨在梁体上的安装要求。

轨道梁结构应具有足够的竖向、横向和抗扭刚度，并保证结构的整体性和稳定性。

8.2.6 列车竖向静活载确定应符合下列规定：

1 列车竖向静活载图式按本线列车的最大轴重、轴距及近、远期中最长的列车编组确定；

2 轨道梁设计按照单线行驶列车竖向荷载布置；

3 轨道梁桥下部结构设计，应按列车作用于每一条线路考虑，荷载不作折减；高架车站复线加载时，取一线停车、另一线行车状态；

4 影响线加载时，活载图式不得任意截取。

9.3.4 高架车站抗震设防分类为乙类，结构安全等级为一级。

9.4.12 钢结构构件应做好防锈、防腐、防火处理。

11.1.3 跨座式单轨交通地下工程的防水等级应符合下列规定：

1 地下车站结构的防水等级应为一级，不得有渗水，结构表面无湿渍；

2 地下区间隧道及联络通道等隧道结构防水等级应为二级，顶部不应滴水，底部不应积水。区间隧道的总湿渍面积不应大于总防水面积的2‰，任意$100m^2$内防水面积上的湿渍不应超过3处，单个湿渍最大面积不应大于$0.2m^2$，其中，隧道工程平均渗漏量不应大于$0.05L/(m^2 \cdot d)$，任意$100m^2$的渗漏量不应大于$0.15L/(m^2 \cdot d)$。湿渍应按面积大小换算后计入渗漏量中。

11.2.5 防水混凝土的水胶比不应大于0.50，在侵蚀性地层时，水胶比不应大于0.45，并应严格控制胶凝材料用量。混凝土碱含量不应大于$3.0kg/m^3$，混凝土中的氯离子含量不应大于胶凝材料总量的0.06%。

12.1.4 跨座式单轨交通通风、空调与采暖系统应具有下列功能：

1 当列车在正常运行时，应保证内部空气环境在规定标准范围内；

2 当列车阻塞在地下区间内时，应保证阻塞处的有效通风功能；

3 当列车在地下区间发生火灾事故时，应具备防烟排烟、通风功能；

4 当车站内发生火灾事故时，应具备防烟排烟、通风功能。

12.3.1 地下车站的新风进风直接采自大气，排风应直接排出地面。

12.3.8 当采用空调系统时，每个乘客每小时需供应的新鲜空气量不应少于 $12.6m^3$，且系统的新风量不应少于总送风量的 10%。

12.3.18 采用气体灭火的房间应设置机械通风系统，排除的气体必须直接排出地面。

13.2.6 3 给水管不得穿过变电所、通信信号机房、车站控制室和配电室等房间；

13.2.7 3 生活给水管应采用符合生活饮用水卫生标准的管材；

13.3.1 5 排雨水量按列车出入线洞口、敞开出入口和风口的汇水面积及当地 50 年一遇的暴雨强度计算。

13.3.4 高架和地面车站、控制中心和车辆基地等地面建筑的雨水排水量，应按 5~10 年最大暴雨强度计算，集流时间为 5~10min。

14.1.6 一级负荷应由双电源双回线路供电，当一个电源发生故障时，另一个电源不应同时受到损坏。一级负荷中特别重要的负荷，除由双电源供电外，尚应增设应急电源。

14.2.7 中心降压变电所、降压变电所变压器的容量应满足在一台变压器退出运行时，另一台变压器能负担其供电范围内的一、二级负荷。

14.3.10 上网电缆、回流电缆的根数及截面，应根据大双边供电方式下的远期负荷计算确定。除岔道区外，每个回路的电缆根数不得少于两根。

14.3.17 接触网带电部分和轨道梁之间的最小净距，一般支持点处应为 96mm，馈线上网处应为 70mm。

14.3.19 在车站线路、车辆基地、故障停留线有人员上下车区段的负极侧，应设置车体接地板。车体接地板应采取温度补偿措施。车体接地板应可靠接地，接地电阻不应大于 4Ω。

14.4.1 供电系统所采用的电缆应具有无卤、低烟、阻燃等性能，其中地面区段所采用的电缆阻燃性能不应低于 B 级，地下区段所采用的电缆阻燃性能不应低于 A 级。电缆在地面或高架桥上敷设时，其外护套还应具有防紫外线的功能。

15.1.4 车站自动扶梯应采用公共交通重载型自动扶梯，在任何 3h 间隔内，持续重载时间应不少于 0.5h，载荷应达到 100% 制动载荷，其传输设备应采用不燃或难燃材料。

15.2.1 安全门与屏蔽门供电应采用一级负荷。

15.2.7 安全门与屏蔽门控制系统应保证在正常和非正常状态下的安全与可靠运行，在紧急状态下能保证乘客安全疏散。

15.2.14 安全门与屏蔽门系统使用的绝缘材料、密封材料和所用的电线电缆均应采用无毒、低烟、阻燃且不含有放射性成分的产品。

15.2.16 安全门与屏蔽门的接地应可靠。

16.1.9 道岔转辙时，各节点应位移同步、定位准确、锁定牢固。

16.1.10 道岔设备的供电应采用一级负荷。

16.3.13 道岔控制装置应符合下列要求：

1 道岔控制装置应具备对道岔的各机构进行控制和检测的功能，并能按照信号系统发出的指令，使道岔完成解锁、转辙、锁闭、信号反馈和挠曲的动作，同时将道岔位置表示信号传给信号系统，并应与信号系统之间设授权、收权联锁电路；

2 应具有集中控制、现场控制、手动控制功能，并应具有系统检测、故障诊断、故障保护和报警功能；

3 控制电路应满足"故障—安全"原则；

5 联锁控制应采用安全型继电器；

7 使用的电缆应为无卤、低烟、阻燃、防蚀、防潮和无放射性成分的产品；

16.4.3 设置的岔道在定位或反位及渡线时，应保障车辆运行通过时平稳、安全、可靠。

17.1.4 通信系统在灾害、事故或突发事件的情况下应满足应急处理、抢险救灾的需要。

17.10.2 通信设备供电应采用一级负荷。

17.10.6 通信设备的接地系统设计，应做到确保人身、通信设备安全和通信设备的正常工作。

18.4.1 列车自动防护（ATP）系统应具有下列基本功能：

　1 检测列车位置，实现列车间隔控制和进路的正确排列；

　2 监督列车运行速度，实现列车超速防护控制；

　3 防止列车误退行等非预期的移动；

　4 为列车车门、站台屏蔽门和安全门的开闭提供安全监控信息；

　5 记录司机的操作和设备运行状况。

18.4.3　3 闭塞分区的划分或列车运行安全间隔，应通过列车运行模拟确定。在安全防护地点运行方向的后方应设安全防护距离并留有余量，安全防护距离应通过计算确定；

　6 在车站站台上或车站控制室应设置紧急停车按钮，当启动紧急按钮时，应切断车站一定范围内的全部速度命令，且应切断地面信号机的信号开放电路，以确保列车在一定范围内的紧急停车。

18.4.4　1 应以导致列车停车为最高的安全准则，任何地对车通信中断、列车超速、列车的非预期移动等均应导致安全性制动；

18.4.5 （联锁设备应符合下列基本要求：）

　2 联锁设备必须符合"故障—安全"的原则，应采用必要的冗余和安全技术，并应具有故障诊断和报警能力；

　3 确保进路上的道岔、信号机和区段的联锁正确，一旦联锁条件不符时，禁止进路开通。敌对进路必须相互照查，不得同时开通；

18.7.1 信号系统供电应为一级负荷。

19.1.13 需乘客身体接触的售检票设备,其所有金属接触部分应充分考虑漏电保护及可靠接地措施,保证乘客安全使用。

19.4.6 城市轨道交通线网清分系统、线路中央计算机系统及各车站自动售检票系统的供电应采用一级负荷。

20.2.2 火灾自动报警系统(FAS)与BAS独立设置时,系统之间应设置高可靠性通信接口,防排烟系统与正常的通风系统合用的设备应由BAS统一监控,火灾工况应由FAS发布火灾模式指令,BAS优先执行相应的控制程序。

21.1.2 控制中心应具有对跨座式单轨交通全线的列车运行、电力供给、环境状况及车站设备、票务运行等全过程进行集中监控、统一调度指挥和管理的功能。

21.2.6 5 大功率的强电设备不得与弱电设备混合安装和布置;各电气系统设备用房不得有水管穿过,风管穿过时应安装防火阀。

21.8.1 控制中心应设置火灾自动报警、环境与设备监控、火灾事故广播、自动灭火、水消防、防排烟等消防系统。

22.1.7 车辆基地应有完善的消防设施。总平面布置、房屋设计和材料、设备的选用等应符合国家现行防火规范的有关规定。

22.1.8 车辆基地设计应对所产生的废气、废液、废渣和噪声等进行综合治理,并应符合国家现行有关规范的规定。

22.1.9 车辆基地内应有运输道路及消防道路,并应有不少于两个与外界道路相连通的出口。

22.3.6 运用库各种库线的供电接触轨在库内应加装安全防护设施,库前应设置隔离开关或分段器,并应设有送电时的声响警示及醒目的信号灯显示。

22.10.2 车辆基地的场坪高程应按百年一遇洪水频率设计。

22.10.3 所有车辆基地线路、道岔区的外侧均应设安全防护栏栅,安全防护栏栅的高度不应低于1.2m。

23.1.3 地下车站站厅的乘客疏散区域、站台及疏散通道内不得设置商业用房。车站内的商店及车站周边连体开发的商业服务设施等公共场所的防火灾设计，应符合现行国家标准《建筑设计防火规范》GB 50016 的有关规定。

23.1.4 与跨座式单轨交通相连接的商业等建筑物，必须采取防火分隔设施。

23.2.1 地下车站、地下区间、出入口、通风井的耐火等级应为一级，地面车站、高架车站及高架区间结构的耐火等级不应低于二级。

23.2.2 控制中心、车站控制室、变电所、配电室、通信及信号机房、通风及空调机房、消防泵房、气体灭火剂室、蓄电池室、安全门和屏蔽门的设备控制室等重要设备管理用房，应采用耐火极限不低于 2h 隔墙和耐火极限不低于 1.5h 楼板与其他部位隔开，隔墙上的门应采用乙级防火门。

23.2.3 车站内楼梯、自动扶梯和疏散通道的通过能力，应保证在远期高峰小时客流量时发生火灾情况下，6min 内将一列车乘客和站台上候车的乘客及工作人员全部撤离站台层。

23.2.4 地下车站站台和站厅公共区应划为一个防火分区，其他部位的每个防火分区的最大允许使用面积不应大于 $1500m^2$。地上车站不应大于 $2500m^2$。两个相邻防火分区之间应采用耐火极限不低于 3h 的防火墙和甲级防火门分隔。在防火墙设有观察窗时，应采用 C 类甲级防火玻璃。

23.2.9 车站的站厅、站台、出入口楼梯、疏散通道、封闭楼梯间等乘客集散部位，其墙、地及顶面的装修材料应采用 A 级防火材料，使用架空地板时，材料防火等级不应低于 B1 级。广告灯箱、座椅、电话亭、售检票亭等固定设施应采用不低于 B1 级防火材料。装修材料不得采用石棉、玻璃纤维制品和塑料类制品。

23.3.1 地下车站每个防火分区安全出入口设置应符合下列规定：

    1 地下车站站台和站厅防火分区的安全出口的数量不应少于两个，并应直通外部空间；

2 其他各防火分区安全出入口的数量也不应少于两个,并应有一个为直通外部空间的安全出口,相邻的防火分区的防火门应作为第二安全出口;

3 防火分区安全出口应按不同方向分散设置,两个出口间的距离不应小于10m;

4 对于地下一层侧式站台车站,过轨通道不得作为安全出口通道;

5 竖井爬梯和电梯不得作为安全出口;

6 消防专用通道不得作为乘客安全出口;

7 换乘车站内的换乘通道和楼梯不得作为安全出口。

23.3.8 两条单线区间隧道的连贯长度大于600m时,应设横向联络通道,联络通道内应并列设置双扇反向开启的甲级防火门。

23.3.10 防灾疏散的自动扶梯应符合下列规定:

1 按一级负荷供电;

2 有逆向运转的功能。

23.4.4 1 消火栓的布置应保证每一个防火分区同层有两支水枪的充实水柱同时到达室内任何部位,水枪充实水柱不应小于10m,消火栓间距应按计算确定,但单口单阀消火栓间距不应大于30m,双口双阀消火栓间距不应大于50m;

6 地下区间的消火栓间距为50m,应按单口设置,不设消火栓箱,水龙带及水枪设在相邻车站站台端部的专用消防器材箱内;

7 消火栓栓口的静水压不应大于1.00MPa,当大于1.00MPa时,应采取分区给水系统,消火栓栓口的出水压力大于0.50MPa时,应采取减压措施;

23.4.8 地下车站的消防给水系统在车站地面适宜地点应设消防水泵接合器,并在15~40m范围内应有相对应的室外消火栓。

23.4.12 消火栓给水系统火灾延续时间不应小于2h。

23.5.1 地下车站的变电所、通信设备室和信号设备室应设置气体灭火系统。

23.7.1 跨座式单轨交通必须设置有效的防烟、排烟与事故通风系统。

23.7.3 地下线路应设置机械防烟、排烟系统，并应具有下列功能：

1 当区间隧道发生火灾时，应能背向乘客疏散方向排烟，迎向乘客疏散方向送新风；

2 当地下车站的站厅、站台、设备及管理用房发生火灾时，应具备防烟、排烟、通风功能；

3 当列车阻塞在区间隧道时，应能对阻塞区间进行有效通风。

23.7.6 当防烟、排烟系统和事故通风、正常通风空调系统合用时，通风空调系统应符合防烟、排烟系统的要求，并应具备发生火灾事故时能够快速转换至防烟、排烟功能。

23.8.1 消防用电设备应按一级负荷供电，并应在末级配电箱处设置自动切换装置，当发生火灾切断生产、生活用电时，应能保证消防设备正常工作。

23.8.4 下列部位应设置疏散应急照明：

1 站厅、站台、自动扶梯、自动人行道及楼梯口；

2 疏散通道及安全出口；

3 区间隧道。

23.8.8 下列部位应设置醒目的疏散指示标志：

1 站厅、站台、自动扶梯、自动人行道及楼梯口；

2 人行疏散通道拐弯处、交叉口及安全出口；沿通道长向每隔不大于20m处；

3 疏散通道和疏散门均应设置灯光疏散指示标志，并设有玻璃或其他不燃烧材料制作的保护罩；

4 疏散指示标志距地面应小于1m；

5 地下车站的站台、站厅、疏散通道等人员密集部位的地面，应设置保持视觉连续的发光疏散指示标志。

23.9.1 跨座式单轨交通公务电话系统程控交换机的分机应具有

能自动拨号到市话网"119"的功能。同时,应配备在发生灾害时供救援人员进行地上、地下联络的无线通信设施。

23.9.6 车站应设消防对讲电话。

23.10.1 车站、区间隧道、变电所、控制中心、车辆基地及停车场应设置火灾自动报警系统 FAS。保护等级应为一级。

23.11.1 跨座式单轨交通应设置对高架线路或其上行驶的列车发生故障或遭遇灾害时实施救援所需的设备和设施。

24.8.1 跨座式单轨交通选线应符合文物保护单位、自然保护区、风景名胜区和其他需要特殊保护地区的保护要求。

二十、《跨座式单轨交通施工及验收规范》GB 50614—2010

1.0.7 施工中应采取稳妥可靠的安全措施,保证施工周边建筑、构筑物安全和施工人员职业健康安全。

1.0.8 位于城市主干道、商业集中区、学校、医院等人口稠密区域的施工项目,在施工时应根据安全、环保与防灾要求设置施工围蔽、防尘、降噪、防火与疏散等设施。

1.0.10 工程施工应控制土建施工和设备安装的精度,不得侵入限界。

6.1.3 道岔设备安装必须符合岔道设备界限要求,并应满足车辆行驶和安全运营的条件。

6.3.2 控制装置安装应检查岔道控制电路的"故障—安全"特性;在使用中,不得有错误表示。

7.5.2 动力箱、照明箱、电控箱的金属外壳应接地,接地线的另一端应与变电所低压柜的接地线连接。

8.1.2 在施工安装、调试及验收过程中,电路板损坏及设备报警时,应及时排除故障,故障排除前不得强行送电。

8.1.6 安装通信系统的车载设备不得超出车辆限界,安装通信系统的地面设备不得侵入设备限界。

9.3.1 信号机应采用 LED 光源构成的色灯式信号机,信号机的安装位置应符合设计要求,不得侵入设备界限。

9.4.4 电源屏相位与引入电源的相位、屏与屏之间的相位应相符。

10.2.18 室内消火栓系统安装完成后,应取屋顶层或在水箱间内试验消火栓和首层取两处消火栓作试射试验,并应达到设计要求。

13.1.3 站台屏蔽门或安全门安装必须满足相应车站限界要求。

14.1.3 施工过程中及施工竣工后线路防护网、防护栏、屏蔽棚不得侵入限界。

二十一、《架空索道工程技术规范》GB 50127—2007

3.6.3 有行人或车辆通过的单层站房的站口,应设防止横穿线路的隔离设施;高架站房的站口,应设防止人员或物体坠落的保护设施。

3.7.4 客运索道应设由站内安全装置和线路安全装置组成的安全电路。

3.8.1 客运索道应有适合索道实际情况的回运设计和营救设计。

4.2.1 3 (双线循环式货运索道工程)承载索的抗拉安全系数不得小于3.0。

5.2.2 (单线循环式货运索道工程)运载索的抗拉安全系数不得小于4.5。

6.2.1 5 (双线往复式客运索道工程)承载索的抗拉安全系数,不得小于3.15;计入客车制动器的制动力时,不得小于2.7。

7.2.2 (单线往复式客运索道工程)运载索的抗拉安全系数不得小于4.5。

二十二、《盾构法隧道施工与验收规范》GB 50446—2008

3.0.10 盾构法隧道施工必须采取安全措施,确保施工人员和设备安全。

3.0.11 盾构法隧道施工必须采取必要的环境保护措施。

4.1.4 盾构掘进施工必须建立施测量和监控量测系统。

5.1.5 同一贯通区间内发和接收工作井所使用的地面近井控制点间必须进行直接联测，并与区间内的其他地面控制点构成附合路线或附合网。

5.1.6 隧道贯通后必须分别以始发和接收工作井的地下近井控制点为起算数据，采用附合路线形式，对原有控制点重新组合或布设并施测地下控制网。

6.4.1 模具必须具有足够的承载能力、刚度、稳定性和良好的密封性能，并应满足管片的尺寸和形状要求。

7.9.5 带压更换刀具必须符合下列要求：

   1 通过计算和试验确定合理气压，稳定工作面和防止地下水渗漏；

   2 刀盘前方地层和土仓满足气密性要求；

   3 由专业技术人员对开挖面稳定状态和刀盘、刀具磨损状况进行检查，确定刀具更换专项方案与安全操作规定；

   4 作业人员应按照刀具更换专项方案和安全操作规定更换刀具；

   5 保持开挖面和土仓空气新鲜；

   6 作业人员进仓工作时间符合表 7.9.5 规定。

表 7.9.5 进仓工作时间

仓内压力（MPa）	工作时间		
	仓内工作时间（h）	加压时间（min）	减压时间（min）
0.01～0.13	5	6	14
0.13～0.17	4.5	7	24
0.17～0.255	3	9	51

注：24h 内只允许工作 1 次。

12.0.1 根据盾构类型、地质条件和工程实际，应制定盾构安全技术规程和应急预案，确保施工作业在安全和卫生环境下进行。

15.1.2 监控量测范围应包括盾构隧道和沿线施工环境，对突发的变形异常情况必须启动应急监测方案。

15.4.4 当实测变形值大于允许变形的 2/3 时，必须及时通报建设、施工、监理等单位，并应采取相应措施。

16.0.1 管片出厂时的混凝土强度与抗渗等级必须符合设计要求。

检查数量：应符现行国家标准《混凝土结构工程施工质量验收规范》GB 50204 的规定。

检验方法：检查同条件混凝土试件的强度和抗渗报告。

二十三、《城市轨道交通工程工程量计算规范》GB 50861—2013

1.0.3 城市轨道交通工程计价，必须按本规范规定的工程量计算规则进行工程计量。

4.2.1 工程量清单应根据附录规定的项目编码、项目名称、项目特征、计量单位和工程量计算规则进行编制。

4.2.2 工程量清单的项目编码，应采用十二位阿拉伯数字表示，一至九位应按附录的规定设置，十至十二位应根据拟建工程的工程量清单项目名称和项目特征设置，同一招标工程的项目编码不得有重码。

4.2.3 工程量清单的项目名称应按附录的项目名称结合拟建工程的实际确定。

4.2.4 工程量清单项目特征应按附录中规定的项目特征，结合拟建工程项目的实际予以描述。

4.2.5 工程量清单中所列工程量应按附录中规定的工程量计算规则计算。

4.2.6 工程量清单的计量单位应按附录中规定的计量单位确定。

4.3.1 措施项目中列出了项目编码、项目名称、项目特征、计量单位、工程量计算规则的项目，编制工程量清单时，应按照本规范 4.2 分部分项工程的规定执行。

第四篇 通用及相关

一、《交通建筑电气设计规范》JGJ 243—2011

6.4.7 Ⅱ类及以上民用机场航站楼、特大型和大型铁路旅客车站、集民用机场航站楼或铁路及城市轨道交通车站等为一体的大型综合交通枢纽站、地铁车站、磁浮列车站及具有一级耐火等级的交通建筑内，成束敷设的电线电缆应采用绝缘及护套为低烟无卤阻燃的电线电缆。

8.4.2 应急照明的配电应按相应建筑的最高级别负荷电源供给，且应能自动投入。

二、《地下防水工程质量验收规范》GB 50208—2011

4.1.16 防水混凝土结构的施工缝、变形缝、后浇带、穿墙管、埋设件等设置和构造必须符合设计要求。

4.4.8 涂料防水层的平均厚度应符合设计要求，最小厚度不得小于设计厚度的 90%。

5.2.3 中埋式止水带埋设位置应准确，其中间空心圆环与变形缝的中心线应重合。

5.3.4 采用掺膨胀剂的补偿收缩混凝土，其抗压强度、抗渗性能和限制膨胀率必须符合设计要求。

7.2.12 隧道、坑道排水系统必须通畅。

三、《地下建筑工程逆作法技术规程》JGJ 165—2010

3.0.4 地下建筑工程逆作法施工必须设围护结构，其主体结构的水平构件应作为围护结构的水平支撑；当围护结构为永久性承重外墙时，应选择与主体结构沉降相适应的岩土层作为排桩或地下连续墙的持力层。

3.0.5 逆作法施工应全过程监测。

5.1.3 地下建筑工程逆作法结构设计应根据结构破坏可能产生的后果，采用不同的安全等级及结构的重要性系数，并应符合下列规定：

1 施工期间临时结构的安全等级和重要性系数应符合表 5.1.3 规定。

表 5.1.3 临时结构的安全等级和重要性系数

安全等级	破坏后果	γ_0
一级	支护结构破坏、土体变形对基坑周边环境及地下结构施工影响严重	1.1
二级	支护结构破坏、土体变形对基坑周边环境及地下结构施工影响一般	1.0
三级	支护结构破坏、土体变形对基坑周边环境及地下结构施工影响不严重	0.9

2 当支承结构作为永久结构时,其结构安全等级和重要性系数不得小于地下结构安全等级和重要性系数。

3 支承结构安全等级和重要性系数应按施工与使用两个阶段选用较高的结构安全等级和重要性系数。

4 当地下逆作结构的部分构件只作为临时结构构件的一部分时,应按临时结构的安全等级及结构的重要性系数取用。当形成最终永久结构的构件时,应按永久结构的安全等级及结构的重要性系数取用。

6.5.5 土方开挖时应根据柱网轴线和实际情况设置足够通风口及地下通风、换气、照明和用电设备。

6.6.3 当水平结构作为周边围护结构的水平支承时,其后浇带处应按设计要求设置传力构件。

四、《建筑变形测量规范》JGJ 8—2007

3.0.1 下列建筑在施工和使用期间应进行变形测量:

1 地基基础设计等级为甲级的建筑;
2 复合地基或软弱地基上的设计等级为乙级的建筑;
3 加层、扩建建筑;
4 受邻近深基坑开挖施工影响或受场地地下水等环境因素

变化影响的建筑；

5 需要积累经验或进行设计反分析的建筑。

设计等级	建筑和地基类型
甲级	重要的工业与民用建筑 30层以上的高层建筑 体型复杂、层数相差超过10层的高低层连成一体的建筑 大面积的多层地下建筑物（如地下车库、商场、运动场等） 对地基变形有特殊要求的建筑物 复杂地质条件下的坡上建筑物（包括高边坡） 对原有工程影响较大的新建建筑物 场地和地基条件复杂的一般建筑物 位于复杂地质条件及软土地区的二层及二层以上地下室的基坑工程
乙级	除甲级、丙级以外的工业与民用建筑物
丙级	场地和地基条件简单、荷载分布均匀的七层及七层以下民用建筑及一般工业建筑物；次要的轻型建筑物

3.0.11 当建筑变形观测过程中发生下列情况之一时，必须立即报告委托方，同时应及时增加观测次数或调整变形测量方案：

1 变形量或变形速率出现异常变化；

2 变形量达到或超出预警值；

3 周边或开挖面出现塌陷、滑坡；

4 建筑本身、周边建筑及地表出现异常；

5 由于地震、暴雨、冻融等自然灾害引起的其他变形异常情况。

五、《工程测量规范》GB 50026—2007

5.3.43 境界线的绘制，应符合下列规定：

1 凡绘制有国界线的地形图，必须符合国务院批准的有关国境线的绘制规定。

7.1.7 地下管线的开挖、调查，应在安全的情况下进行。电缆和燃气管道的开挖，必须有专业人员的配合。下井调查，必须确保作业人员的安全,且应采取防护措施。

7.5.6 当需要对地下管线信息系统的软、硬件进行更新或升级时,必须进行相关数据备份,并确保在系统和数据安全的情况下进行。

10.1.10 (工程建设项目)每期观测结束后,应及时处理观测数据。当数据处理结果出现下列情况之一时,必须即刻通知建设单位和施工单位采取相应措施:

    1 变形量达到预警值或接近允许值。
    2 变形量出现异常变化。
    3 建(构)筑物的裂缝或地表的裂缝快速扩大。

六、《高耸结构设计规范》GB 50135—2006

3.0.4 高耸结构设计时,应根据结构破坏可能产生的后果(危及人的生命、造成经济损失、产生社会影响等)的严重性,采用不同的安全等级。高耸结构安全等级的划分应符合表 3.0.4 的要求。

表 3.0.4 高耸结构的安全等级

安全等级	破坏后果	高耸结构类型示例
一级	很严重	重要的高耸结构
二级	严重	一般的高耸结构

结构重要性系数 γ_0 应按下列规定采用:

    1 对安全等级为一级或设计使用年限为 100 年及以上的结构构件,不应小于 1.1。

    2 对安全等级为二级或设计使用年限为 50 年的结构构件,不应小于 1.0。

    注:对特殊高耸结构,其安全等级和结构重要性系数应由建设方根据具体情况另行确定,且不应低于本条的要求。

4.2.1 垂直作用于高耸结构表面单位面积上的风荷载标准值应

按下式计算：

$$w_k = \beta_z \mu_s \mu_z w_0 \qquad (4.2.1)$$

式中 w_k——作用在高耸结构 z 高度处单位投影面积上的风荷载标准值（kN/m^2，按风向投影）；

w_0——基本风压（kN/m^2），其取值不得小于 $0.35kN/m^2$；

μ_z——z 高度处的风压高度变化系数；

μ_s——风荷载体型系数；

β_z——z 高度处的风振系数。

4.4.1 基于结构使用功能和重要性，应按国家标准《建筑抗震设计规范》GB 50011—2001 第 3.1.1 条的规定将结构划分为甲、乙、丙、丁四类，并应按第 3.1.3 条的规定进行设计。

5.1.1 钢塔架和桅杆结构（以下简称钢塔桅结构）设计应进行承载力、稳定和变形验算。

5.1.2 钢塔桅结构选用的钢材材质应符合现行国家标准《钢结构设计规范》GB 50017 的要求。

6.5.5 混凝土塔筒应配置双排纵向钢筋和双层环向钢筋，且纵向普通钢筋宜采用变形带肋钢筋，其最小配筋率应符合表 6.5.5 的规定。在后张法预应力塔筒中，应配置适当的非预应力构造钢筋，如有较多的非预应力受力钢筋，则可代替构造钢筋。

表 6.5.5 混凝土塔筒的最小配筋率

塔筒配筋类别		最小配筋率
纵向钢筋	外排	0.25
	内排	0.20
环向钢筋	外排	0.20
	内排	0.20

注：受拉侧环向钢筋最小配筋率尚不应小于 $45f_t/f_y$，其中 f_y、f_t 分别为钢筋和混凝土抗拉强度设计值。

6.5.6 纵向钢筋和环向钢筋的最小直径和最大间距应符合表

6.5.6 的规定。

表 6.5.6 钢筋最小直径和钢筋最大间距 (mm)

配筋类别	钢筋最小直径	钢筋最大间距
纵向钢筋	10	外侧250，内侧300
环向钢筋	8	250，且不大于筒壁厚度

7.1.1 高耸结构的基础选型应根据建设场地条件和结构的要求确定。高耸结构的地基基础均须进行强度计算（包括抗压和抗拔）；除表 7.1.1 中的高耸结构外，其他高耸结构均应进行地基变形验算；有特殊要求的高耸结构尚应进行地基抗滑稳定或抗倾覆稳定验算。

表 7.1.1 可不做地基变形计算的高耸结构

地基主要受力状况	地基承载力特征值 f_{ak}(kPa)		$60 \leqslant f_{ak}$ <80	$80 \leqslant f_{ak}$ <100	$100 \leqslant f_{ak}$ <130	$130 \leqslant f_{ak}$ <160	$160 \leqslant f_{ak}$ <200	$200 \leqslant f_{ak}$ <300
	各土层坡度(%)		$\leqslant 5$	$\leqslant 5$	$\leqslant 10$	$\leqslant 10$	$\leqslant 10$	$\leqslant 10$
结构类型	烟囱	高度(m)	$\leqslant 30$	$\leqslant 40$	$\leqslant 50$	$\leqslant 75$	$\leqslant 75$	$\leqslant 100$
	水塔	高度(m)	$\leqslant 15$	$\leqslant 20$	$\leqslant 30$	$\leqslant 30$	$\leqslant 30$	$\leqslant 30$
		容积(m³)	$\leqslant 50$	50~100	100~200	200~300	300~500	500~1000
	通信塔和单功能电视发射塔	高度(m)	$\leqslant 40$	$\leqslant 60$	$\leqslant 80$	$\leqslant 100$	$\leqslant 120$	$\leqslant 150$
	钢桅杆	高度(m)	$\leqslant 50$	$\leqslant 60$	$\leqslant 70$	$\leqslant 80$	$\leqslant 90$	$\leqslant 120$

注：1 表中地基主要受力层指条形基础底面下深度为 3b；独立基础下为 1.5b（b 为基础底面宽度），且厚度不小于 5m 范围内的地基土层。

2 表中所列高耸结构如有以下情况时，仍应做地基变形验算：

1) 在基础面及附近地面有堆载或相邻基础荷载差异较大可能引起地基产生过大的不均匀沉降时；

2) 软弱地基上相邻建筑距离过近，可能发生倾斜时；

3) 地基内有厚度较大或厚薄不均的填土；

4) 石化塔在 $f_{ak}<200$kN/m² 地基上均要计算地基变形。

7.1.3 高耸结构地基基础设计前应进行岩土工程勘察。

7.1.4 高耸结构地基基础设计时，所采用的荷载效应最不利组合与相应的抗力代表值应符合下列规定：

1 按地基承载力确定基础底面积及埋深或按单桩承载力确定桩数时，传至基础或承台底面上的荷载效应应按正常使用极限状态下荷载效应的标准组合。相应的抗力应采用地基承载力特征值或单桩承载力特征值。

2 计算地基变形时，传至基础底面上的荷载效应应按正常使用极限状态下的荷载效应的准永久值组合，当风玫瑰图严重偏心时，取风的频遇值组合，不应计入地震作用。

3 计算挡土墙土压力、地基和斜坡的稳定及滑坡推力、地基基础抗拔等时，荷载效应应按承载力极限状态下荷载效应的基本组合，但其荷载分项系数均为 1.0。

4 在确定基础或桩台高度、挡墙截面厚度、计算基础或挡墙内力、确定配筋和桩身截面、配筋及进行材料强度验算时，上部结构传来的荷载效应组合和相应的基底反力，应按承载力极限状态下荷载效应的基本组合，采用相应的分项系数。

当需要验算基础裂缝宽度时，应按正常使用极限状态，采用荷载的标准组合并考虑长期作用的影响进行计算。

7.2.5 高耸结构的地基变形允许值应按表 7.2.5 的规定采用，当工艺有特殊要求时，应按有关专业标准规范另行确定。

表 7.2.5 高耸结构的地基变形允许值

结构类型		沉降量允许值 (mm)	倾斜允许值 $\tan\theta$
电视塔、通信塔等	$H_T \leqslant 20$	400	0.008
	$20 < H_T \leqslant 50$		0.006
	$50 < H_T \leqslant 100$		0.005
	$100 < H_T \leqslant 150$	300	0.004
	$150 < H_T \leqslant 200$		0.003
	$200 < H_T \leqslant 250$	200	0.002
	$250 < H_T \leqslant 300$		0.0015
	$300 < H_T \leqslant 400$	150	0.0010

续表 7.2.5

结构类型			沉降量允许值(mm)	倾斜允许值 $\tan\theta$
石油化工塔	一般石油化工塔		200	0.004
	分馏类石油化工塔	$d_0 \leqslant 3.2$		0.004
		$d_0 > 3.2$		0.0025

注：H_T 为高耸结构的总高度(m)；d_0 为石油化工塔的内径(m)。

7.4.1 承受上拔力和横向力的独立基础、锚板基础等，均应验算抗拔和抗滑稳定性。

扩展基础承受上拔力时，在验算其抗拔稳定性的同时，尚应按上拔力进行强度和配筋计算，并按计算结果在基础的上表面配置钢筋，配筋应满足最小配筋率要求。

七、《地下工程防水技术规范》GB 50108—2008

3.1.4 地下工程迎水面主体结构应采用防水混凝土，并应根据防水等级的要求采取其他防水措施。

3.2.1 地下工程的防水等级应分为四级，各等级防水标准应符合表 3.2.1 的规定。

表 3.2.1 地下工程防水标准

防水等级	防 水 标 准
一级	不允许渗水，结构表面无湿渍
二级	不允许漏水，结构表面可有少量湿渍； 工业与民用建筑：总湿渍面积不应大于总防水面积(包括顶板、墙面、地面)的 1/1000；任意 100m² 防水面积上的湿渍不超过 2 处，单个湿渍的最大面积不大于 0.1m²； 其他地下工程：总湿渍面积不应大于总防水面积的 2/1000；任意 100m² 防水面积上的湿渍不超过 3 处，单个湿渍的最大面积不大于 0.2m²；其中，隧道工程还要求平均渗水量不大于 0.05L/(m²·d)，任意 100m² 防水面积上的渗水量不大于 0.15L/(m²·d)

续表 3.2.1

防水等级	防水标准
三级	有少量漏水点，不得有线流和漏泥砂； 任意 100m² 防水面积上的漏水或湿渍点数不超过 7 处，单个漏水点的最大漏水量不大于 2.5L/d，单个湿渍的最大面积不大于 0.3m²
四级	有漏水点，不得有线流和漏泥砂； 整个工程平均漏水量不大于 2L/(m²·d)；任意 100m² 防水面积上的平均漏水量不大于 4L/(m²·d)

3.2.2 地下工程不同防水等级的适用范围，应根据工程的重要性和使用中对防水的要求按表 3.2.2 选定。

表 3.2.2 不同防水等级的适用范围

防水等级	适用范围
一级	人员长期停留的场所；因有少量湿渍会使物品变质、失效的贮物场所及严重影响设备正常运转和危及工程安全运营的部位；极重要的战备工程、地铁车站
二级	人员经常活动的场所；在有少量湿渍的情况下不会使物品变质、失效的贮物场所及基本不影响设备正常运转和工程安全运营的部位；重要的战备工程
三级	人员临时活动的场所；一般战备工程
四级	对渗漏水无严格要求的工程

4.1.22 防水混凝土拌合物在运输后如出现离析，必须进行二次搅拌。当坍落度损失后不能满足施工要求时，应加入原水胶比的水泥浆或掺加同品种的减水剂进行搅拌，严禁直接加水。

4.1.26 施工缝的施工应符合下列规定：

1 水平施工缝浇筑混凝土前，应将其表面浮浆和杂物清除，然后铺设净浆或涂刷混凝土界面处理剂、水泥基渗透结晶型防水涂料等材料，再铺 30～50mm 厚的 1∶1 水泥砂浆，并应及时浇筑混凝土；

2 垂直施工缝浇筑混凝土前，应将其表面清理干净，再涂刷混凝土界面处理剂或水泥基渗透结晶型防水涂料，并应及时浇筑混凝土；

5.1.3 变形缝处混凝土结构的厚度不应小于300mm。

八、《锚杆喷射混凝土支护技术规范》GB 50086—2001

1.0.3 锚喷支护的设计与施工，必须做好工程的地质勘察工作，因地制宜，正确有效地加固围岩，合理利用围岩的自承能力。

4.1.11 对下列地质条件的锚喷支护设计，应通过试验后确定：

1 膨胀性岩体；

2 未胶结的松散岩体；

3 有严重湿陷性的黄土层；

4 大面积淋水地段；

5 能引起严重腐蚀的地段；

6 严寒地区的冻胀岩体。

4.3.1 喷射混凝土的设计强度等级不应低于C15；对于竖井及重要隧洞和斜井工程，喷射混凝土的设计强度等级不应低于C20；喷射混凝土1d龄期的抗压强度不应低于5MPa。钢纤维喷射混凝土的设计强度等级不应低于C20，其抗拉强度不应低于2MPa。

不同强度等级喷射混凝土的设计强度应按表4.3.1采用。

表4.3.1 喷射混凝土的强度设计值（MPa）

喷射混凝土 强度等级 强度种类	C15	C20	C25	C30
轴心抗压	7.5	10.0	12.5	15.0
抗 拉	0.9	1.1	1.3	1.5

4.3.3 喷射混凝土支护的厚度，最小不应低于50mm，最大不宜超过200mm。

九、《建筑边坡工程技术规范》GB 50330—2002

3.2.2 破坏后果很严重、严重的下列建筑边坡工程，其安全等级应定为一级：

1 由外倾软弱结构面控制的边坡工程；

2 危岩、滑坡地段的边坡工程；

3 边坡塌滑区内或边坡塌方影响区内有重要建（构）筑物的边坡工程。破坏后果不严重的上述边坡工程的安全等级可定为二级。

3.3.3 永久性边坡的设计使用年限应不低于受其影响相邻建筑的使用年限。

3.3.6 边坡支护结构设计时应进行下列计算和验算：

1 支护结构的强度计算：立柱、面板、挡墙及其基础的抗压、抗弯、抗剪及局部抗压承载力以及锚杆杆体的抗拉承载力等均应满足现行相应标准的要求；

2 锚杆锚固体的抗拔承载力和立柱与挡墙基础的地基承载力计算；

3 支护结构整体或局部稳定性验算。

3.4.2 一级边坡工程应采用动态设计法。

3.4.9 下列边坡工程的设计及施工应进行专门论证：

1 超过本规范适用范围的建筑边坡工程；

2 地质和环境条件很复杂、稳定性极差的边坡工程；

3 边坡邻近有重要建（构）筑物、地质条件复杂、破坏后果很严重的边坡工程；

4 已发生过严重事故的边坡工程；

5 采用新结构、新技术的一、二级边坡工程。

4.1.1 一级边坡工程应进行专门的岩土工程勘察；二、三级边坡工程可与主体建筑勘察一并进行，但应满足边坡勘察的深度和要求。大型的和地质环境条件复杂的边坡宜分阶段勘察；地质环境复杂的一级边坡工程尚应进行施工勘察。

4.1.3 边坡工程勘察报告应包括下列内容：

1 在查明边坡工程地质和水文地质条件的基础上，确定边坡类别和可能的破坏形式；

2 提供边坡验算稳定性、变形和设计所需的计算参数值；

3 评价边坡的稳定性，并提出潜在的不稳定边坡的整治措施和监测方案的建议；

4 对需进行抗震设防的边坡应根据区划提供设防烈度或地震动参数；

5 提出边坡整治设计、施工注意事项的建议；

6 对所勘察的边坡工程是否存在滑坡（或潜在滑坡）等不良地质现象，以及开挖或构筑的适宜性做出结论；

7 对安全等级为一、二级的边坡工程尚应提出沿边坡开挖线的地质纵、横剖面图。

15.1.2 对土石方开挖后不稳定或欠稳定的边坡，应根据边坡的地质特征和可能发生的破坏等情况，采取自上而下、分段跳槽、及时支护的逆作法或部分逆作法施工。严禁无序大开挖、大爆破作业。

15.1.6 一级边坡工程施工应采用信息施工法。

15.4.1 岩石边坡开挖采用爆破法施工时，应采取有效措施避免爆破对边坡和坡顶建（构）筑物的震害。

十、《建筑基坑支护技术规程》JGJ 120—2012

3.1.2 基坑支护应满足下列功能要求：

1 保证基坑周边建（构）筑物、地下管线、道路的安全和正常使用；

2 保证主体地下结构的施工空间。

8.1.3 当基坑开挖面上方的锚杆、土钉、支撑未达到设计要求时，严禁向下超挖土方。

8.1.4 采用锚杆或支撑的支护结构，在未达到设计规定的拆除条件时，严禁拆除锚杆或支撑。

8.1.5 基坑周边材料、设施或车辆荷载严禁超过设计要求的地面荷载限值。

8.2.2 安全等级为一级、二级的支护结构，在基坑开挖过程与支护结构使用期内，必须进行支护结构的水平位移监测和基坑开挖影响范围内建（构）筑物、地面的沉降监测。

十一、《建筑基坑工程监测技术规范》GB 50497—2009

3.0.1 开挖深度大于等于5m，或开挖深度小于5m但现场地质情况和周围环境较复杂的基坑工程以及其他需要监测的基坑工程应实施基坑工程监测。

7.0.4 当出现下列情况之一时，应提高监测频率：

1 监测数据达到报警值。

2 监测数据变化较大或者速率加快。

3 存在勘察未发现的不良地质。

4 超深、超长开挖或未及时加撑等违反设计工况施工。

5 基坑及周边大量积水、长时间连续降雨、市政管道出现泄漏。

6 基坑附近地面荷载突然增大或超过设计限值。

7 支护结构出现开裂。

8 周边地面突发较大沉降或出现严重开裂。

9 邻近建筑突发较大沉降、不均匀沉降或出现严重开裂。

10 基坑底部、侧壁出现管涌、渗漏或流沙等现象。

8.0.1 基坑工程监测必须确定监测报警值，监测报警值应满足基坑工程设计、地下结构设计以及周边环境中被保护对象的控制要求。监测报警值应由基坑工程设计方确定。

8.0.7 当出现下列情况之一时，必须立即进行危险报警，并应对基坑支护结构和周边环境中的保护对象采取应急措施。

1 监测数据达到监测报警值的累计值。

2 基坑支护结构或周边土体的位移值突然明显增大或基坑出现流沙、管涌、隆起、陷落或较严重的渗漏等。

3 基坑支护结构的支撑或锚杆体系出现过大变形、压屈、断裂、松弛或拔出的迹象。

4 周边建筑的结构部分、周边地面出现较严重的突发裂缝或危害结构的变形裂缝。

5 周边管线变形突然明显增长或出现裂缝、泄漏等。

6 根据当地工程经验判断,出现其他必须进行危险报警的情况。

十二、《复合土钉墙基坑支护技术规范》GB 50739—2011

6.1.3 土方开挖应与土钉、锚杆及降水施工密切结合,开挖顺序、方法应与设计工况相一致;复合土钉墙施工必须符合"超前支护,分层分段,逐层施作,限时封闭,严禁超挖"的要求。

十三、《建设工程工程量清单计价规范》GB 50500—2013

3.1.1 使用国有资金投资的建设工程施工发承包,必须采用工程量清单计价。

3.1.4 工程量清单应采用综合单价计价。

3.1.5 措施项目中的安全文明施工费必须按国家或省级、行业建设主管部门的规定计算,不得作为竞争性费用。

3.1.6 规费和税金必须按国家或省级、行业建设主管部门的规定计算,不得作为竞争性费用。

3.4.1 建设工程发承包,必须在招标文件、合同中明确计价中的风险内容及其范围,不得采用无限风险、所有风险或类似语句规定计价中的风险内容及范围。

4.1.2 招标工程量清单必须作为招标文件的组成部分,其准确性和完整性应由招标人负责。

4.2.1 分部分项工程项目清单必须载明项目编码、项目名称、项目特征、计量单位和工程量。

4.2.2 分部分项工程项目清单必须根据相关工程现行国家计量规范规定的项目编码、项目名称、项目特征、计量单位和工程量计算规则进行编制。

4.3.1 措施项目清单必须根据相关工程现行国家计量规范的规定编制。

5.1.1 国有资金投资的建设工程招标,招标人必须编制招标控制价。

6.1.3 投标报价不得低于工程成本。

6.1.4 投标人必须按招标工程量清单填报价格。项目编码、项目名称、项目特征、计量单位、工程量必须与招标工程量清单一致。

8.1.1 工程量必须按照相关工程现行国家计量规范规定的工释量计算规则计算。

8.2.1 工程量必须以承包人完成合同工程应予计量的工程量确定。

11.1.1 工程完工后,发承包双方必须在合同约定时间内办理工程竣工结算。

十四、《市政工程工程量计算规范》GB 50857—2013

1.0.3 市政工程计价,必须按本规范规定的工程量计算规则进行工程计量。

4.2.1 工程量清单应根据附录规定的项目编码、项目名称、项目特征、计量单位和工程量计算规则进行编制。

4.2.2 工程量清单的项目编码,应采用十二位阿拉伯数字表示,一至九位应按附录的规定设置,十至十二位应根据拟建工程的工程量清单项目名称和项目特征设置,同一招标工程的项目编码不得有重码。

4.2.3 工程量清单的项目名称应按附录的项目名称结合拟建工程的实际确定。

4.2.4 工程量清单项目特征应按附录中规定的项目特征,结合拟建工程项目的实际予以描述。

4.2.5 工程量清单中所列工程量应按附录中规定的工程量计算规则计算。

4.2.6 工程量清单的计量单位应按附录中规定的计量单位确定。

4.3.1 措施项目中列出了项目编码、项目名称、项目特征、计量单位、工程量计算规则的项目,编制工程量清单时,应按照本规范 4.2 分部分项工程的规定执行。

十五、《市政工程勘察规范》CJJ 56—2012

1.0.3 市政工程必须按基本建设程序进行岩土工程勘察,并应搜集、分析、利用已有资料和建设经验,针对市政工程特点、各勘察阶段的任务要求和岩土工程条件,提出资料完整、评价正确的勘察报告。

4.4.1 市政工程详细勘察应针对工程特点和场地岩土条件,进行岩土工程分析与评价,提供设计和施工所需的岩土参数及有关结论和建议。

参 考 文 献

1. 强制性条文咨询委员会. 中华人民共和国工程建设标准强制性条文：房屋建筑部分（2009年版）. 北京：中国建筑工业出版社，2009.
2. 闫军. 建筑设计强制性条文速查手册. 北京：中国建筑工业出版社，2012.
3. 闫军. 建筑结构与岩土强制性条文速查手册. 北京：中国建筑工业出版社，2012.
4. 闫军. 建筑施工强制性条文速查手册. 北京：中国建筑工业出版社，2012.
5. 闫军. 给水排水与暖通强制性条文速查手册. 北京：中国建筑工业出版社，2013.